HENRI LE NAVIGATEUR

ET

L'ACADÉMIE PORTUGAISE DE SAGRES

Introduction à l'étude

DE

L'ÉCOLE ANVERSOISE DE GÉOGRAPHIE

DU XVIᵉ SIÈCLE

PAR LE

Lieutenant-Général WAUWERMANS

ANVERS

IMPRIMERIE VEUVE DE BACKER, RUE ZIRK

1890

BRUXEL[LES]

INSTITUT NATION[AL]

18-20-22, rue

HENRI LE NAVIGATEUR

HENRI LE NAVIGATEUR

ET

L'ACADÉMIE PORTUGAISE DE SAGRES

Introduction à l'étude

DE

L'ECOLE ANVERSOISE DE GEOGRAPHIE

DU XVIᵉ SIÈCLE

PAR LE

Lieutenant-Général WAUWERMANS.

ANVERS.
IMPRIMERIE VEUVE DE BACKER, RUE ZIRK, 35.
— 1890 —

BRUXELLES
INSTITUT NATIONAL DE GÉOGRAPHIE
18-20-22, rue des Paroissiens, 18-20-22

Dans les premières années du XVIe siècle, se développe à
Anvers une immense production de cartes géographiques, qui
se répandent dans toute l'Europe, jusqu'alors approvisionnée de
documents de ce genre par Venise. Ce fait s'explique aisément ;
les cartes géographiques étaient à cette époque, avant tout
un instrument commercial, et Anvers était devenu tout à coup
la grande métropole du commerce occidental.

Bruges, la *Venise du Nord* du passé, avait vu progressivement,
au XVe siècle, décroître sa prospérité par l'envasement du Zwyn
et du port de l'Écluse qui y donnait accès, malgré les efforts
de Charles le Téméraire pour réagir contre cette catastrophe

par de grands travaux de dévasement des passes navigables. En ce moment, par l'action même des forces naturelles des eaux, le *Hondt*, bras de l'Escaut qui ouvrait la voie vers la mer à Anvers, tendant à se dévaser, devenait chaque jour plus favorable à la navigation. Les grandes maisons de Bruges, aux vastes établissements commerciaux, la *Hanse* maîtresse de tout le commerce du Nord, se transportaient successivement à Anvers, où elles fondaient de nouveaux comptoirs, dont l'importance grandit encore à la suite de la découverte de l'Amérique et de la route des Indes. Anvers devenait le centre principal du commerce colonial occidental, aux dépens de l'antique prospérité de Venise.

A cette époque, il faut le remarquer également, le *commerce en gros* exigeait un ensemble de connaissances et imposait des pratiques absolument inconnues aux commerçants de nos jours. Le commerçant était obligé d'organiser des flottes pour aller chercher les produits aux lieux de provenance, des caravanes pour les transporter sur les principaux marchés de l'intérieur et les débiter dans les foires périodiques, au *commerce de détail*. L'organisation de ces expéditions maritimes et terrestres comportait des opérations délicates, car il fallait prévoir les accidents inévitables de la route ; les rencontres de pirates qui infestaient les mers, la guerre qui sévissait d'une manière endémique dans toute l'Europe et pouvait tout à coup intercepter les voies de communications, la rupture des ponts, les inondations très fréquentes sur des routes encore mal tracées et mal entretenues, qui rendaient les passages impossibles. Une caravane, destinée par exemple à transporter des marchandises d'Anvers pour les débiter successivement aux foires de Cologne, de Francfort, de Nurenberg, d'Augsburg, de Ratisbonne, devait prévoir le cas où elle serait détournée de sa route et obligée de se diriger par Nancy, Bâle, pour atteindre son objectif extrême ; il fallait régler sa marche de manière à arriver aux époques favorables des foires dans ses étapes secondaires, à traverser les cols de montagnes et les rivières aux saisons propices. Le marchand faisant son plan de campagne, s'adressait à un *maître-géographe* qui, à défaut de bonnes cartes, établissait des itinéraires généralement dessinés à la main. L'officine du géographe devenait un bureau de renseignements, enrichi sans cesse des résultats d'expériences que lui apportaient les capitaines de navires, les chefs de caravanes, en échange desquels ils obtenaient des recommandations pour contracter de nouveaux engagements avec les marchands [1]. Le déve-

(1) Dans sa *Géographie de l'Éthiopie*, M. d'Abbadie signale les graves difficultés que rencontre le voyageur d'Afrique, pour dresser la carte des nouvelles contrées qu'il parcourt. S'il essaie de fixer la position des lieux au moyen d'instruments, de tracer un fragment de carte, levé à vue, il excite la défiance des populations, « il s'expose à l'accusation d'*écrire le » pays*, aussi dangereuse chez les sauvages que dans les contrées civilisées, » car le vulgaire se persuade que c'est le préliminaire certain d'une » invasion à venir. » S'il interroge les caravanes de marchands qui parcourent le pays avec des paccotilles et qu'on nomme *afcala*, il n'en tire le plus ordinairement que des renseignements erronés. « Comme tous les » marchands indigènes, les *afcala* n'aiment pas à indiquer les chemins » qu'ils suivent, car tout questionneur leur semble un concurrent futur, » qu'il vaut mieux ne pas instruire et qu'on devrait habilement dérouter. » Après quelques essais infructueux, je ne tardai pas à apprendre qu'il » fallait m'adresser aux *afcala* novices, qui n'étaient encore que domes-» tiques des caravanes. Les relateurs qui m'inspiraient le plus de confiance, » étaient des esclaves volés depuis peu, les guerriers qui vont au loin » pour chasser le buffle et l'éléphant et les messagers, de roitelet à roitelet, » qu'on pouvait appeler des ambassadeurs africains ; ces trois catégories » d'informateurs n'avaient aucun intérêt à cacher leur route. » Les renseignements des voyageurs qui ont précédé sont souvent plutôt une source d'embarras qu'un secours, par suite des conclusions erronées que l'on tire des dénominations de localités, déformées suivant la langue qu'ils parlent ; et aussi des indications de distances itinéraires estimées par la durée de temps qu'il leur a fallu pour suivre une route, durée qui varie avec une foule d'accidents, s'accroît ou diminue selon que l'on monte ou descend une pente......

Des faits analogues rendaient difficile l'établissement de bons itinéraires au moyen âge ; les meilleurs renseignements étaient ceux recueillis dans les récits des *pèlerins*, désintéressés du commerce, qui fixaient avec

loppement du commerce d'Anvers y amène l'établissement d'officines de dessinateurs géographes, à l'imitation de celles qui existaient déjà à Venise, ne se bornant pas comme ces ateliers italiens à la géographie maritime, mais s'appliquant à toute la géographie terrestre, surtout à celle des contrées du Nord, avec lesquelles les relations d'Anvers étaient très actives.

Le progrès de l'imprimerie, l'invention de la gravure en taille douce, donnèrent une forme toute nouvelle à ces productions, au commencement du XVIe siècle. Ce ne sont plus, comme par le passé, des *portulans* s'arrêtant à la configuration des côtes maritimes, des itinéraires comme ceux tracés par les Romains, dont la *Carte de Peutinger* nous donne un type ; les travaux de ces officines anversoises prennent la forme de véritables cartes de géographie, sur lesquelles les distances des lieux sont soigneusement équilibrées et dressées, non seulement pour une expédition spéciale, mais encore propres à fournir des renseignements plus étendus ; l'impression permit dès lors le débit de ces cartes à bon marché.

Lorsque l'on examine les productions cartographiques d'Anvers du XVIe siècle, parvenues jusqu'à nous, signées des grands noms de Mercator, d'Ortelius, de de Jode et de tant d'autres artistes de mérite, on est frappé d'une analogie remarquable, qui résulte de l'emploi des procédés nouveaux de la typographie et de la gravure, et se révèle aussi par des formes artistiques toutes particulières, par une élégance propre à cette ville amoureuse des arts, et surtout par une précision, une sûreté, une exactitude de renseignements que l'on chercherait vainement dans toutes les productions antérieu-

---

une certaine précision et par des moyennes, les distances entre les lieux de refuge établis à leur intention, sur les grandes routes qu'ils suivaient à peu près invariablement ; telle par exemple celle qui s'étendait de Flandre en Espagne pour le pèlerinage de St.-Jacques de Compostelle (Santiago) et passait par Paris, Orléans, Bordeaux, Bayonne, St.-Sébastien, Burgos, Léon, Lugo.

res du même genre. On sent que les auteurs, quoique travaillant dans des ateliers indépendants, souvent même rivaux, obéissent à une *manière*, à une *mode* commune, qui caractérise ce qu'on a nommé *l'école de géographie anversoise*, sans aucun doute parce qu'Anvers était le centre principal de la vente de ces cartes, souvent confectionnées en d'autres lieux, à Louvain, à Duisbourg, etc.

L'influence de cette école cartographique anversoise fut considérable pour le progrès de la géographie. Maltebrun, l'un des maîtres géographes les plus illustres de notre temps, n'hésite pas à en faire honneur à Mercator : « C'est du temps » de Mercator, » dit-il, « que date la géographie moderne. » — Joachim Lelewel, qui exilé du sien, paya l'hospitalité de notre pays, par une étude approfondie de son histoire géographique, dit avec une égale autorité : « Par ses travaux, » Gérard Mercator devint le véritable réformateur de la » géographie et donna l'impulsion à des réformes et aux » progrès ultérieurs. Abraham Ortelius, par son érudition » et son activité, s'associa à cette œuvre et ne peut être » considéré, à mon avis, que comme un secondaire. » Plus tard, avec la conscience profonde qui caractérise les travaux de ce savant, il revient sur ce jugement peut-être trop absolu, après avoir étudié en Belgique, les œuvres de ces deux maîtres, et dit : « Il y a 30 ans, en 1814, j'attribuais » la réforme de la géographie, directement à Mercator, ne » voyant dans Ortelius qu'un secondaire. Depuis j'ai remarqué » que des savants étaient d'un autre avis. « On sait, » dit le respectable Jomart, « que l'époque moderne de la géographie » remonte proprement à Abraham Ortel, c'est-à-dire à l'année » 1570, date de la première édition de son livre. C'est à ce » profond géographe, trop peu apprécié, que remonte la réforme » de la science ; les changements qu'il y a apportés ont fait » une véritable révolution. » — Sans nous arrêter en ce moment à rechercher quelle fut la part de mérite relatif de Mercator et d'Ortelius, ni même celle des géographes secondaires

qui, dans une certaine mesure, contribuèrent à la gloire de
la grande production cartographique d'Anvers, constatons
seulement, en nous appuyant sur l'incontestable autorité de Maltebrun, de Lelewel et de Jomart, qu'il y eut réellement une
école anversoise, et même que cette école eut *une doctrine*
dont l'influence considérable rejaillit sur les progrès ultérieurs
de la science.

Quelle était cette doctrine ? Il est malheureusement difficile de
l'indiquer. Absorbés par leurs travaux graphiques et industriels,
nos maîtres du XVIe siècle ne nous ont laissé aucune œuvre
écrite qui nous fasse connaître leurs principes théoriques et ce
n'est qu'au moyen de quelques rares fragments épistolaires et
en comparant leurs œuvres cartographiques, que nous pouvons
nous fixer sur ce point. L'histoire de cette école anversoise
soulève des problèmes historiques et scientifiques très dignes
de fixer l'attention.

L'examen des œuvres qu'elle produisit, nous la montre occupant une place intermédiaire entre l'*école d'Alexandrie d'Égypte*
de Claude Ptolémée, qui résuma les profondes connaissances de
la terre des anciens géomètres grecs et s'appliqua à en représenter les formes d'une manière rationnelle et l'*école vénitienne*
du moyen âge, dont les *portulans* s'attachent seulement à
reproduire, sous une forme purement empirique, les découvertes maritimes faites par les intrépides marins italiens. Comme
Ptolémée, l'école d'Anvers recherche un système de représen-
tation rationnelle du globe par l'emploi des parallèles et des
méridiens, négligé dans les *portulans*, mais en étendant
les méthodes anciennes de manière à représenter le *Monde
nouveau*, dû aux découvertes de Marco Polo, de Barthélemy
Diaz, de Vasco de Gama, de Christophe Colomb, de Fernand
de Magellan ; avec autant de précision que les Vénitiens, elle
s'efforce à faire connaître ces découvertes et à satisfaire aux
nécessités nautiques qu'impose un bon système de cartographie.
Les cartes d'Anvers affectent à la fois le caractère scientifique

des cartes ptoléméennes et le **caractère philologique des cartes** vénitiennes.

Tout est singulier dans l'histoire de cette école anversoise. Elle naît et se développe au milieu d'une des plus terribles révolutions qu'aient enregistrées les annales des peuples, compliquée à la fois de guerre civile, de guerre religieuse, de guerre étrangère, c'est-à-dire dans un temps troublé qui semble devoir exclure toute étude de science ; elle disparaît et s'éteint tout à coup, lorsque renaît le calme, sous le règne d'Albert et Isabelle. Elle se fonde dans une grande cité commerciale qui, d'après l'expérience de notre temps, paraît devoir être vouée uniquement aux idées routinières du lucre et du mercantilisme et demeurer absolument étrangère au mouvement intellectuel ! Chose plus remarquable encore, on ne constate en ce temps-là à Anvers, l'existence d'aucun savant en renom dont l'autorité favorise son développement scientifique, ni d'aucun marin célèbre qui contribue à dégager son caractère nautique et philologique. Les savants belges, tous quelque peu entâchés des idées de la Réforme, ont émigré pour chercher, outre frontière, le repos et la paix indispensables à l'étude, que leur refuse l'impitoyable persécution de Philippe II.

Les marins belges se retrouvent en grand nombre dans les équipages de Colomb, de Gama, comme de Magellan, mais tous y occupent un rang obscur et aucun d'eux n'arrive à une réputation qui puisse l'élever au rôle d'initiateur d'une école de science. On s'explique parfaitement que, grâce au progrès du commerce, de l'imprimerie, l'école d'Anvers ait pu croître, se développer et répandre ses produits dans toute l'Europe, mais on s'explique difficilement son origine.

Ainsi que nous l'avons dit, l'école cartographique anversoise commence et poursuit ses travaux dans des ateliers isolés, indépendants et rien ne permet de supposer un centre d'enseignement qui contribue à la diffusion de sa doctrine. Elle est évidemment plutôt l'expression d'une tendance générale des esprits, que l'œuvre d'un homme de génie. « Un profond

désarroi régnait parmi les géographes » après la découverte
de l'Amérique, ainsi que le constate Lelewel ; la science
ancienne était impuissante à représenter le Monde Nouveau,
tout à coup offert à son étude. Le véritable mérite des adeptes
de l'école d'Anvers fut de s'inspirer des nécessités du progrès
de leur temps. Ils s'ingénient à trouver de nouvelles méthodes
descriptives, à créer des images perfectionnées qui satisfassent
à la fois l'imagination et les besoins de la pratique navale et
du commerce. Le résultat de ces efforts, auxquels semble s'être
associée avec passion toute la population d'Anvers, tant ils
furent populaires, est remarquable.

Pour trouver l'origine de l'école anversoise de géographie
du XVIe siècle, nous croyons qu'il ne suffit pas, comme on
l'a fait jusqu'ici, d'étudier les travaux individuels des géographes qui y jouèrent les rôles principaux et dont le contact
exerça certainement une influence sur les autres, mais qu'il
faut remonter plus haut et rechercher dans le passé et dans
les évènements contemporains, la cause des tendances nouvelles
auxquelles ils obéirent.

Tout d'abord, en adoptant ce système de recherche, on est
conduit à supposer que les méthodes scientifiques introduites
par des géographes flamands, dans la construction de leurs
cartes substituées aux anciens *portulans*, furent empruntées
à l'Allemagne et à l'Italie. Les relations commerciales d'Anvers
avec ces deux pays étaient des plus actives. A côté des grandes
maisons de commerce fondées à Anvers par les Hochstetter et
les Fugger d'Augsbourg, les Tucher de Nurenberg, se trouvaient les nombreuses maisons italiennes, des Gualteroti, des
Spignoli, des Buonvisi, des Salviati, des Justiani, des Dozzi,
de Florence, de Venise, de Lucques, de Pise, etc. A la suite
des grandes publications faites à Rome et à Venise, par
l'imprimerie, le monde savant s'était épris, surtout en Allemagne et en Italie, des travaux cosmographiques et astronomiques de l'illustre Alexandrin et déjà dans leurs écoles, se
préparaient les études qui allaient illustrer Tycho-Brahé,

Copernic et Galilée. Il en était de même de l'université de Louvain, toute préparée à l'adoption des mêmes idées par les travaux du cardinal d'Ailly et du cardinal de Cusa (Nicolas Crebs), qui, au commencement du XVIe siècle, comptait parmi ses professeurs Gemma Frisius (l'un des maîtres de Mercator) adepte de la science allemande. Ce n'était d'ailleurs pas uniquement dans le domaine des savants que ces idées étaient reçues avec faveur. Le commerce imposait à cette époque une sérieuse instruction et surtout des connaissances géographiques et cosmographiques. Plus d'un marchand, avant de prendre place au comptoir de son père, s'était préparé à la pratique des affaires, par de très sérieuses études. C'est ainsi qu'en 1477, nous rencontrons parmi les nombreux commerçants de Nurenberg établis à Anvers, un *marchand de toile*, qui avait été élève du célèbre Regiomontanus. Ce marchand, qui se nommait Martin Behaim, était destiné à une véritable célébrité dans les sciences cosmographiques et contribua vraisemblablement à développer dans le monde d'Anvers et même en Belgique, le goût de la science allemande dont il était fervent adepte, ainsi qu'il le fit par la suite en Portugal.

Si les travaux des cosmographes allemands révèlent de grands progrès dans la géographie mathématique, il n'en est pas de même pour la géographie descriptive, demeurée stationnaire, ni surtout pour la géographie maritime, à laquelle ils restaient absolument étrangers. Il est donc difficile d'imaginer à quelle source les géographes flamands puisèrent le vaste ensemble d'informations qui distingue leurs œuvres et marque leur différence essentielle avec celles des Allemands. De nombreuses hypothèses ont été faites à ce sujet.

On a souvent signalé, par exemple, un mémoire d'Améric Vespuce qui, passant par l'Italie, arriva en la possession du duc de Lorraine et fut imprimé à Saint-Dié, avant d'être connu en Espagne. Peut-être même ce mémoire fut-il, peu de temps après, traduit et imprimé en flamand à Anvers. On signale encore la vaste correspondance d'Ortelius avec les géographes étrangers, le précieux cabinet de cartes géographiques qu'il avait réussi à rassembler au moyen des productions de tous les pays. Il est vraisemblable que toutes ces sources d'informations furent mises à profit par les géographes flamands, mais ce que nous en connaissons, la correspondance d'Ortelius entr'autres, ne suffit pas à expliquer la supériorité d'indications philologiques qui caractérisent les cartes flamandes.

En 1503, aussitôt après la découverte de l'Amérique et de la route des Indes par le cap de Bonne-Espérance, le roi Manoël de Portugal avait établi à Anvers, probablement d'après les conseils du même Martin Behaim, dont j'ai rappelé déjà le souvenir, un grand entrepôt de denrées coloniales destiné à desservir les contrées du Nord. Ce fut l'origine de relations très intimes entre Anvers et Lisbonne. Les découvertes des Portugais sont aussi bien, sinon mieux connues en Flandre qu'en Portugal ; c'est ainsi que dès 1504 on imprime à Anvers une *édition flamande* du voyage de Vasco de Gama à Calicut. Je suis pour ma part convaincu, que l'école cartographique anversoise dut à ces relations, la richesse et la précision des renseignements mis en œuvre pour tout ce qui regarde le Nouveau Monde, que ses travaux contribuèrent à faire connaître. L'histoire maritime du Portugal, si brillante à cette époque, est féconde en enseignements et ce n'est pas sans étonnement qu'on y voit apparaître, même antérieurement, un certain nombre de Belges, ce qui prouve l'ancienneté des relations entre Belges et Portugais.

L'étude de cette époque, que j'ai été amené à faire en suivant la trace de ces Flamands en Portugal, me porte à croire que c'est dans l'histoire de la grande école de géographie fondée par le prince *Henri le navigateur*, qu'il faut chercher la véritable origine des idées de l'école de géographie anversoise. L'histoire si peu connue ou si oubliée de l'école portugaise me paraît l'introduction indispensable à celle des idées qui achèvent de se développer dans l'école flamande ; j'ai essayé de la retracer. La science ne procède pas par bonds, mais par progrès lents et successifs. Reconnaître cette filiation de l'école anversoise, n'a rien qui doive retrancher à son mérite.

Né sur les marches du trône d'un peuple faible par l'étendue de son territoire, mais grand par son patriotisme et son énergie, le prince Henri rêva pour son pays de grandes destinées et sut, par sa persévérance, lui assurer une gloire incontestable. L'histoire de sa vie offre un vaste champ à la méditation. Pour en comprendre toute la portée philosophique, il est nécessaire de rappeler l'état des connaissances géographiques très bornées de son temps, les idées qui l'inspirèrent, les préjugés qu'il eut à vaincre, les ressources restreintes dont il disposait. Le succès de ses efforts rencontra de son vivant de nombreux incrédules, même parmi ses plus actifs collaborateurs ; on l'eût volontiers qualifié d'*utopiste*, si ce mot eût existé, et il ne fallut rien moins que la puissante inspiration de son génie, éclairé par l'étude, pour poursuivre l'œuvre grandiose qu'il avait entreprise. S'il eut la consolation d'entrevoir le but, ce ne fut qu'après sa mort que le but même fut atteint, suivant la voie qu'il avait tracée, et fit du petit Portugal la puissance coloniale de premier ordre qu'il avait rêvée.

Entraînés par le succès, les Portugais s'abandonnèrent aux aventures héroïques : l'école de Sagres elle-même, qui en était l'origine, disparut dans l'ombre et c'est à Anvers qu'elle semble renaître, sous des formes nouvelles propres à exprimer l'immense progrès réalisé. L'absence de véritables navigateurs, en apparence si défavorable aux progrès de la géographie, explique les progrès théoriques de l'école anversoise.

L'histoire de la découverte de l'Afrique par le prince Henri, vieille déjà de près de quatre siècles, est devenue pour nous une actualité ; oubliée et abandonnée pendant ce long espace de temps, la conquête de ce continent s'achève de nos jours, avec une activité sans égale. Aux Ca da Mosto, aux Barthélemy Diaz, aux Vasco de Gama du XV° siècle qui traçaient ses limites, le XIX° siècle oppose dès maintenant les Speke, les Livingstone, les Stanley qui préparent sa civilisation. En résumant l'histoire du passé, j'ai été frappé d'y voir se produire déjà, avec une grande analogie, les difficultés qui se présentent dans les temps modernes. Si l'on conteste la parenté que j'essaie d'établir entre les écoles de Sagres et d'Anvers, j'espère du moins que le lecteur puisera dans mon récit la conviction du succès réservé à l'œuvre actuelle, comme à celle de nos devanciers.

Il me plaît de rendre par ce travail l'hommage de reconnaissance qu'Anvers doit au Portugal. Le choix de cette ville comme entrepôt du commerce lusitanien, tout autant que la décadence de Bruges, fut l'origine de la grande prospérité, de l'incessant développement de la métropole commerciale de la Belgique.

Si dans le passé les relations d'Anvers avec Lisbonne furent fécondes pour la Belgique, elles ne le furent pas moins pour le Portugal. Je souhaite que la constatation de ce fait contribue dans l'avenir à entretenir des relations aussi intimes entre ces deux petites nations, mises, par le hasard des circonstances, de nouveau en contact sur les côtes d'Afrique et resserre leurs liens, pour opposer une sérieuse résistance aux convoitises de leurs puissants voisins.

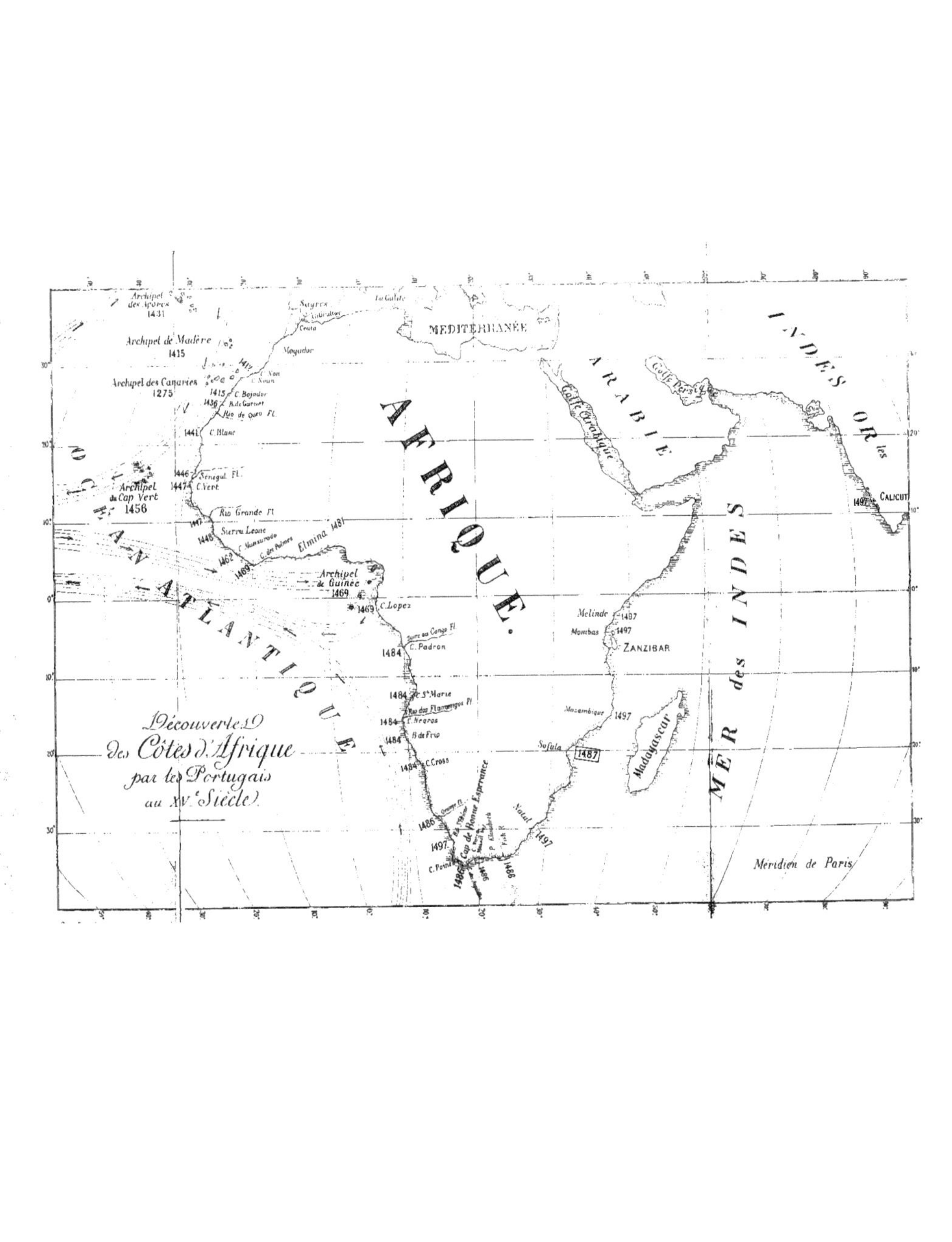

Découvertes des Côtes d'Afrique par les Portugais au XVe Siècle.
OCÉAN ATLANTIQUE
AFRIQUE
MÉDITERRANÉE
ARABIE
Golfe Persique
Golfe Arabique
INDES OR les
MER des INDES
Archipel des Açores 1431
Archipel de Madère 1415
Archipel des Canaries 1275
Archipel du Cap Vert 1456
Sagres
Gibraltar
Ceuta
La Galite
Mogador
1417 C. Non
C. Noun
1415 C. Bojador
1436 R. de Garnet
Rio de Ouro Fl.
1441 C. Blanc
1446 Sénégal Fl.
1447 C. Vert
Rio Grande Fl.
1447
Sierra Leone
1448
C. Mansurado
1462
C. des Palmes
Elmina 1481
1469
Archipel de Guinée 1469
1469 C. Lopez
Sucre ou Congo Fl.
1484 C. Padron
1484 C. Ste Marie
Rio dos Flamengos Fl.
1484 C. Negros
1484 B. de Frio
1484 C. Cross
Orange Fl.
1486
R. Infante
P. Elisabeth
1486 Cap de Bonne Espérance
C. Point
1497
Natal 1497
Melinde 1497
Mombas 1497
ZANZIBAR
Mozambique 1497
Sofala 1487
Madagascar
CALICUT 1497
Méridien de Paris

CHAPITRE I.

Les croisades. — Le roi Denis (Diniz).

Les croisades occupent une grande place dans notre histoire et demeurent l'un des faits sociaux les plus dignes de fixer les méditations du philosophe et de l'historien. Les prédications enflammées de Pierre l'Ermite trouvèrent sans doute, au milieu des populations à peines remises des émotions du *millénaire*, un champ tout préparé pour y développer une œuvre de Foi, telle que la conquête du Saint-Sépulcre, objet de leur vénération, espérance de leur salut (¹) ; mais pour comprendre

(1) Les premiers pèlerins qui se rendirent en Orient et ouvrirent en quelque sorte la voie aux armées des croisés, obéissaient sans nul doute à un sentiment de ferveur religieuse, mais ce serait une erreur grave de croire que tous étaient animés d'une égale piété dégagée d'intérêt terrestre. L'organisation même, due à la générosité des fidèles pour faciliter les voyages de ces pieux vagabonds, donna naissance à de réels abus et favorisa souvent les entreprises les moins avouables.

En quittant son village, le pèlerin recevait dans une cérémonie solennelle de l'église, le *bourdon* en même temps qu'un certificat de son curé, souvent signé même par son évêque, véritable *passe-port*, qui indiquait le but de son pèlerinage et lui servait de recommandation près des fidèles. Grâce à ce certificat, il était admis gratuitement dans les nombreux hospices ou hôpitaux créés en vue des pèlerinages, qui jalonnaient sa route ; il y recevait le gîte, la nourriture, quelquefois des soins médicaux en cas de maladies et d'accidents, et souvent des aumônes pour continuer sa route ; dans quelques-uns de ces hospices le pèlerin était même admis à prolonger son séjour, sous prétexte de dévotion à quelque relique de saint en réputation dans la contrée, ce qui lui permettait de réparer

l'exaltation générale de la chrétienté, nommée la *folie de la Croix*, qui, pendant deux siècles, précipite avec une sainte frénésie l'Europe sur l'Asie, il faut admettre une cause plus puissante que la parole d'un moine plus éloquent qu'héroïque ; il faut croire à une influence supérieure, comme il en apparaît de temps à autre dans l'histoire de l'humanité, (providentielle ou loi naturelle), qui entraîne l'homme à accomplir

ses forces épuisées par un long voyage. Entre ces étapes, les routes que parcouraient ces pèlerins, traversées par des malandrins de tous genres, étaient peu sûres, même pour les habitants de la contrée ; au XVIIe siècle encore, le président Henault raconte qu'une ordonnance royale ayant prescrit l'arrestation des gens sans aveu et des filles perdues pour les déporter et peupler la Louisiane, on y joignit beaucoup d'honnêtes artisans surpris dans leurs champs et entraînés de force. Les chefs des établissements hospitaliers se chargeaient de soumettre au visa des autorités civiles les certificats des pèlerins, *de les rafraîchir* suivant l'expression admise, et dès lors l'autorité civile prenait des précautions pour assurer leur sécurité. Cet ensemble de précautions explique les immenses voyages que ces voyageurs, presque sans ressources, purent accomplir en sécurité, dans ces temps troublés.

Cette généreuse protection accordée aux pèlerins procurait à beaucoup d'entre eux une vie plus douce que celle dont ils jouissaient dans leur village, et l'on vit naître la *profession de pèlerins* qui se chargeaient à prix d'argent, d'aller accomplir, par de lointaines pérégrinations, les vœux de certaines personnes retenues au logis par des causes quelconques. Il arriva en temps de disette que des villages entiers prirent le *bourdon*, leur pasteur en tête, pour courir les grandes routes, sans autre souci que de chercher une vie plus facile et rencontrant des aventures où la piété n'avait qu'une très médiocre part. « Les moines mêmes, » dit Ludovic Lalanne, « obéissaient à des motifs frivoles pour se mettre en route : — » Allons partons, car il est écrit : Nul n'est prophète en son pays. »

Rien n'est souvent moins édifiant que la conduite de ces aventuriers, protégés par l'autorité civile et religieuse, et qui au retour acquéraient aux yeux des populations un véritable caractère de sainteté. Des gens sans aveu, affectant des dehors de piété hypocrite, réussissaient facilement à se faire donner les certificats de pèlerins et, réunis en bandes, pillaient, volaient les contrées qu'ils traversaient, jusqu'au moment où poursuivis par la justice civile, ils cherchaient un asile inviolable dans les hospices de refuge. Il fallut prendre des mesures de rigueur contre ces faux pèle-

des actes revêtant un caractère que, sans nul doute, il n'avait pas prémédité ; obéissant d'instinct à une loi d'évolution de l'espèce humaine, comme les planètes gravitent autour du soleil, l'homme contribue à l'accomplissement d'un mouvement social dont sa sagesse n'avait pu prévoir toutes les conséquences (¹). « L'histoire des croisades « dit Guizot, » n'est

rins. Dans certaines provinces de France il leur était interdit de voyager en troupe et on leur imposait les voyages isolés. Dans l'hôpital de refuge de Compostelle il y avait une chaine de fer où l'on attachait les *malfaisants*. A Burgos, les Pères Antonins, qui dirigeaient le refuge des pèlerins « pour la moindre incommodité, coupaient bras ou jambes ou les pen- « daient à leur porte. »

Les gouvernements eux-mêmes tendent à détourner les pèlerinages de leur but uniquement pieux. La condamnation à un pèlerinage devient un moyen d'action judiciaire pour punir des crimes, et substituer un exil contrôlé à la prison. La loi « impose souvent au coupable » dit le baron de Bonnault, « surtout après une commutation de peine, un pèlerinage « dont le juge fixe le but et la durée ; l'exil perd ainsi quelque peu de « sa rigueur sans rien ôter à la sécurité publique. De même quand un « différend vient d'être tranché entre adversaires capables de faire appel à « la force, il n'est pas rare de les voir envoyer en pèlerinage à des « sanctuaires différents, dans l'espoir que le temps, la distance et la dévotion « pourront amener l'oubli de tout ressentiment. »

Le pèlerinage devient encore quelquefois un moyen d'action politique. En 1236, les habitants de Nieuport refusent au chapitre de Ste-Walburge à Furnes, le paiement de la dîme du hareng qu'ils prétendent illégitime; ils sont mis au ban de l'église, et excités par leurs échevins, ils résistent à tous les efforts de la comtesse de Flandre qui cherche à les soumettre. Un jugement intervient et condamne les échévins à une année d'exil outre-mer, sous forme d'un pèlerinage. Les meneurs de la révolte sont ainsi écartés et pendant leur absence, il devient facile de ramener la ville à la soumission.

(1) La lutte entre l'empereur et le moine Hildebrand s'engage à partir du concile de Worms de 1048, lorsque l'évêque de Toul, Bruno, fut élu pape sous le nom de Léon IX. — Guizot assigne pour origine aux croisades, l'hostilité qui commence dès le VIIᵉ siècle à se produire entre le christianisme et le mahométisme ; telle fut peut-être leur cause médiate, mais il nous paraît évident que la cause immédiate, qui provoqua leur éclosion presque spontanée, doit être cherchée ailleurs, dans les événements du monde occidental.

» intelligible, son vrai sens n'est appréciable que par les rapports
» qui la lient aux temps modernes ; son vrai sens n'a été révélé
» que fort tard. »

La lutte engagée entre l'empereur Henri IV et le pape
Grégoire VII, qui tous deux visaient à la domination universelle,
l'un par la société civile, l'autre par l'Église, fut certainement
la cause primordiale des croisades ; tous deux en la provoquant,
en cherchant à établir d'une manière définitive les rapports de
l'État et du clergé, se croyaient, dans leur orgueil excessif,
assurés d'en diriger toutes les suites. Il est même certain que
les croisades furent surtout préparées par le Saint-Siège, pour
assurer le triomphe définitif de l'Église ; au concile de Plaisance
de 1095, convoqué par le pape Urbain II pour permettre à Pierre
l'Ermite de développer ses projets d'expédition en Palestine,
avant même d'entendre le célèbre pèlerin, les prélats assemblés
s'occupent des questions de discipline du clergé, cause du
dissentiment entre le pape et l'empereur ; le récit des souffrances
des chrétiens en Syrie n'en occupe que la partie accessoire,
pour en devenir ensuite la partie principale, lorsque cette
guerre étrangère apparaît comme le moyen d'énerver la résistance
du pouvoir temporel, par un puissant dérivatif, afin de laisser
le champ libre au pouvoir spirituel. Ce caractère politique des
croisades se manifeste encore, peu de temps après, au concile
de Clermont, lorsque le pape invité à prendre la direction de
l'œuvre de Foi, qui semble devoir lui appartenir, s'y refuse en
déléguant ses pouvoirs à l'évêque du Puy, sous prétexte de la
nécessité de rester en Europe, pour mettre un terme au schisme
provoqué par l'anti-pape Guibert, mais certainement pour
mieux recueillir le fruit de ses efforts politiques.

L'action providentielle apparaît peu de temps après, lorsque,
par la force des circonstances, la direction d'une guerre provo-
quée dans un intérêt *guelfe* demeure confiée à un *gibelin*,
à Godefroid de Bouillon, dont toute la vie avait été consacrée jusqu'alors à lutter contre le système politique que l'ambitieux Hildebrand avait cherché à faire prévaloir, et il ne fallut rien moins

que les preuves de valeur et la sagesse du neveu de l'impérieuse et fanatique princesse Mathilde, et l'autorité incontestable qu'il exerça sur les croisés, pour le faire accepter comme le *défenseur du Saint-Sépulcre* par le Saint-Siège.

L'influence des causes naturelles, réagissant sur les événements provoqués par la volonté de l'homme, s'impose dans l'histoire des croisades, tout comme on voit la pesanteur agir sur l'écoulement de l'eau s'échappant d'une écluse, que l'ingénieur tenterait vainement de soumettre à sa volonté. Cette influence s'accuse nettement dans la singulière antithèse qui conduit les croisés, préparant une *œuvre de guerre*, à proclamer tout d'abord l'œuvre de paix, la *Paix de Dieu*. C'est qu'en effet, si l'on peut assigner comme cause immédiate des croisades, le désir de mettre un terme aux souffrances des pèlerins, dont l'Ermite avait rapporté de son pèlerinage en Orient les récits et les témoignages, une cause médiate non moins certaine est *le besoin de mettre un terme aux guerres incessantes qui désolaient la société féodale et entravaient la civilisation de l'Occident.* L'habileté humaine consista à donner une direction utile aux passions héroïques provoquées par l'institution de la chevalerie ; la loi sociale produisit ce résultat très inattendu des promoteurs des croisades, le *rapprochement des peuples par l'échange des idées qai naît de leur commerce, dans l'intérêt de la civilisation.* Avant les croisades, les relations commerciales entre l'Occident et l'Orient se réduisaient à l'envoi de rares caravanes de marchandises, traversant toute l'Europe par des routes mal explorées, à travers les populations presque sauvages de la Hongrie et des Balkans, ou encore à de plus rares transports maritimes, opérés par des marins beaucoup plus préparés à la piraterie qu'au commerce. Telle était, à l'origine des croisades, l'ignorance de nos populations sur l'état social de celles où nos premiers croisés allaient porter la guerre, que, profondément convaincus de la supériorité que leur donnait leur foi, ceux-ci ne croyaient rencontrer dans leurs

adversaires que des barbares, des idolâtres presque sauvages.
« Pour les premiers chroniqueurs des croisades, » dit Guizot,
» tels que Albert d'Aix, Robert-le-moine, les mahométans
» ne sont qu'un objet de haine ; il est clair que ceux qui
» en parlent ne les connaissent point, ne les considèrent que
» sous le point de vue de l'hostilité religieuse qui existe
» entre eux ; on ne découvre la trace d'aucune relation
» sociale ; ils les détestent et les combattent, rien de plus.
» Guillaume de Tyr, Jacques de Vitry parlent des musulmans
» tout autrement : on sent que tout en les combattant, ils ne
» les voient plus comme des monstres, qu'ils sont entrés jusqu'à
» un certain point dans leurs idées, qu'ils ont vécu avec eux,
» qu'il s'est établi entre eux des relations et même une sorte
» de sympathie.... Ils vont même quelquefois jusqu'à opposer
» les mœurs et la conduite des musulmans aux mœurs et à
» la conduite des chrétiens, ils adoptent les musulmans pour
» faire la satire des chrétiens, comme Tacite peignait les mœurs
» des Germains en contraste avec les mœurs de Rome.
» Il est un lieu commun que de dire que l'esprit des voyageurs
» s'affranchit, que l'habitude d'observer des peuples divers,
» des mœurs, des opinions différentes, étend les idées, dégage
» le jugement des anciens préjugés. Le même fait s'est accompli
» chez ces peuples voyageurs qu'on a appelés les *Croisés* :
» leur esprit s'est ouvert et élevé par cela seul qu'ils ont vu
» une multitude de choses différentes, qu'ils ont connu d'autres
» mœurs que les leurs. Ils se sont trouvés d'ailleurs en relation
» avec deux civilisations, non seulement différentes, mais plus
» avancées : la société grecque d'une part, la société musulmane
» de l'autre. Nul doute que la société grecque, quoique sa
» civilisation fût énervée, pervertie, mourante, ne fît sur les
» croisés l'effet d'une société plus avancée, plus polie, plus éclairée
» que la leur. La société musulmane leur fut un spectacle de
» même nature. Il est curieux de voir dans les chroniques
» l'impression que produisirent les croisés sur les musulmans ;
» ceux-ci les regardèrent au premier abord comme des barbares,

» comme les hommes les plus grossiers, les plus féroces, les plus
» stupides qu'ils eussent jamais vus. Les croisés de leur côté
» furent frappés de ce qu'il y avait de richesse, d'élégance
» de mœurs chez les musulmans. A cette première impression
» succédèrent bientôt, entre les peuples, de fréquentes rela-
» tions. Elles s'étendirent et devinrent beaucoup plus fréquentes
» qu'on ne le croit communément. Non seulement les chrétiens
» d'Orient avaient avec les musulmans des rapports habituels,
» mais l'Occident et l'Orient se visitèrent, se connurent, se
» mêlèrent, non seulement par des relations diplomatiques et
» officielles entre les souverains, mais par des relations de
» peuples, fréquentes et variées. »

Les transports que nécessite la guerre se combinèrent avec
ceux du commerce au grand bénéfice des deux contrées.
Le grand commerce d'Orient et d'Occident naquit des croisades,
et particulièrement le commerce maritime reçut une forte
impulsion. Les deux civilisations réagirent utilement l'une sur
l'autre et la part de progrès que récolta l'Occident n'est certes
pas inférieure à celle de l'Orient ; on a dit que la plupart des
grandes découvertes qui, dans le cours des XIV[e] et XV[c] siècles,
ont provoqué le développement de la civilisation européenne,
la boussole, l'imprimerie, la poudre à canon, étaient connues de
l'Orient et avaient été rapportées par les croisés en Occident.
Cela est exact jusqu'à un certain point, mais néanmoins
contestable. On peut dire avec un écrivain : « Effacez les Arabes
» de l'histoire et la renaissance des lettres sera retardée de
» plusieurs siècles en Europe. » Dans le domaine de la géographie c'est aux Arabes que l'Europe doit la conservation des
écrits des géographes grecs ; ces écrits revinrent en Europe
traduits en langue latine, d'après leur translation en langue
arabe.

Les pieux chevaliers allaient chercher en Asie, gloire, fortune,
honneur, outre les récompenses religieuses, et rêvaient de
conquérir des trônes comme celui conquis par les Normands
en Sicile et dans les Pouilles, sur les Sarrazins. — « Donnez-

moi des hommes et des vaisseaux » disait Robert le Frison, second fils du comte de Flandre, à son père, « j'irai conquérir » un État chez les Sarrazins d'Espagne ! » — Ils étaient loin de supposer que la Providence leur réservait de devenir les agents les plus actifs du *progrès commercial*, considéré par eux comme *œuvre de manant*.

A l'heure où la fortune des croisés commence à chanceler, le commerce maritime entre l'Orient et l'Occident est devenu des plus actifs. Venise s'est subsitué à Constantinople comme l'entrepôt du commerce du monde (1) et un courant de navigation incessant s'est établi sur toutes les côtes de l'Europe.

Au début des croisades la pratique navale se bornait encore à la méthode timide du *cabotage* ; on suivait les côtes, faute de moyens sérieux pour se guider en mer, naviguant de cap en cap *(cabo* en espagnol)* ; on déployait les voiles au point du jour, voguant toute la journée en vue des amers de la côte et à la nuit tombante on jetait l'ancre de crainte de s'égarer. On avait bien vu de hardis marins, tels que les Normands, partir du Nord et venir trafiquer jusque dans la Méditer-

(1) A l'époque des croisades trois routes étaient fréquentées par les caravanes faisant le commerce avec l'Inde. — La première par le golfe Arabique ou mer Rouge, qu'on atteignait : soit par l'Égypte en remontant le Nil jusqu'à *Coptos* (Karnak), puis en continuant par la voie de terre jusqu'au port de *Berenice* (Raz Berenice) ; soit par la Syrie, de *Tyr* en suivant la voie de terre par *Petra* jusqu'au port d'*Elath* au fond du golfe *Élanitique*. En ce temps les marins arabes sabatéens, venaient prendre les marchands en Syrie pour les conduire, par les *moussons* favorables de l'été, en passant par *Saba, Ophyr, Ocelis* (Aden) dans la *mer Érythrée* (mer des Indes ou golfe d'Arabie), vers le Malabar et les ramener par les *moussons* d'hiver. — La seconde en partant du Malabar remontait le golfe Persique jusqu'à *Bassora* et suivant l'Euphrate ou le Tigre, gagnait : soit par *Babylone* et *Palmyre* la Syrie et le port de Tyr sur la Méditerranée, soit *Trébizonde* sur le Pont-Euxin (mer Noire). — La troisième partait des *Palus Méotide*, (mer d'Azof) et du port *Tana* (Tscherkask) aux bouches du Tanaïs (le Don) où les Vénitiens établirent une colonie, pour se diriger en contournant la mer Caspienne, vers la mer d'Aral et la Bactriane. C'était la route préférée pour les marchandises précieuses qui n'étaient pas d'un grand poids, et surtout pour l'encens, de qualité supérieure à celui qui arrivait par l'Égypte.

ranée, et leurs descendants, les Flamands, que les croisés rencontrèrent à leur grand étonnement sur les côtes de la Palestine, sous le nom de *Pirates verts*, n'étaient pas indignes de leurs ancêtres ! Mais cette navigation éloignée avait pour but plutôt la piraterie que le commerce. La navigation commerciale s'exécutait dans des conditions timides, au milieu de mille dangers, d'escale en escale, et le plus souvent on préférait, comme plus sûrs, les transports par caravanes. Les voyages en mer cessaient ordinairement en novembre à l'époque des longues nuits et des jours nébuleux, pour reprendre en février. En l'an 60, le voyage de St.-Paul, de Césarée (St.-Jean d'Acre) à Rome, n'avait pas exigé, par la voie de mer, moins de cinq mois, au milieu de périls immenses. Les produits de l'Inde arrivaient en Occident par la route que suivit en sens inverse la première croisade, conduite par Pierre l'Ermite et Gauthier-*sans-avoir*, qui partait de l'Escaut et de la Meuse pour rejoindre le Danube à Ratisbonne, au travers des plaines de la Germanie par Worms, Wurtzbourg, Nurenberg, et profitant en ce point de la facilité des transports fluviaux, suivait le Danube jusqu'à Belgrade, gagnant ensuite Constantinople et le Bosphore par des routes à peine tracées au travers de la Serbie et de la Bulgarie, passant par Sophia, Philippopolis et Andrinople.

Après la première croisade, les Arabes ayant enseigné aux marins italiens l'usage de la boussole, la navigation maritime se perfectionne et devient plus hardie ; assuré de la direction du navire, on ose s'éloigner momentanément des rives et même cingler la nuit ; la durée des voyages raccourcit. Les marins italiens et surtout ceux de Venise monopolisent le commerce de la Méditerranée dont ils connaissent parfaitement les côtes. Rarement ils franchissent les colonnes d'Hercule, mais ceux de Majorque et de Catalogne plus hardis, s'étendent sur les côtes de l'Espagne et du Nord de l'Afrique, échangeant leurs marchandises avec les Basques et les Flamands qui les transportent jusqu'aux confins du Nord. Le commerce des caravanes se borne aux expéditions de détail et distribue les marchandises dans l'intérieur de continent (¹).

Avec la boussole et une vague connaissance du ciel comme

(1) Dès le XIIIᵉ siècle on retrouve les traces d'un commerce régulier établi entre les Pays-Bas, l'Espagne et l'Italie.

Le *fer d'Espagne* (*ferrum de Ispania*) et les *draps* (*saccus prunorum de Ispania*) figurent déjà dans les négociations douanières poursuivies en 1252 par Herman Hoyers, envoyé spécial de l'Empire en Flandre. L'ordonnance de 1304 sur le commerce des épices de Bruges fait mention du *sucre de raisin de Maligue* (Malaga), *des laines, du vert et de la cire d'Espaigne*. Toutes ces marchandises étaient apportées sans nul doute par la voie maritime d'Espagne et de Portugal à Bruges. La Navarre envoie en Flandre des *filaches* dont on fait des *sarges*, des *corduans*, des *basans*, des *ricolisses* (réglisse), des *amandres*, de la *peloterie*, des *draps* (*toiles*) dont on fait les voiles des grands navires. L'Aragon expédie les mêmes marchandises, et en plus le *safran* et le *riz*. De Castille il vient de la *graine d'écarlate, du vif-argent, du fer*, etc. D'Andalousie et de Portugal on introduit des *cuirs*, du *miel*, de l'*huile*, des *olives*, de *grosses figues*, des *raisins*, etc.

Bien que dès 1273 il y ait des marchands de Venise établis en Flandre et qu'en 1315 Pergoletti, agent du riche banquier Lombard Bardi, vienne à Anvers, le commerce avec l'Italie à cette époque semble encore se borner à des opérations foraines par la voie de terre. Ce n'est qu'en 1318 qu'on signale les premiers vaisseaux italiens dans les eaux de Flandre, où ils ont été évidemment précédés par les flottes ibériques.

Les Teutoniques ont des comptoirs à Bruges en 1340, les Biscayens en 1348, les Catalans en 1349, les Nuremburgeois en 1361, et les Italiens ne s'y établissent qu'en 1415.

Il est singulier de constater, ainsi que le remarque le Dʳ Hamy, qu'à une époque où déjà les Génois marquent sur leurs cartes la position d'Anvers sous le nom de *Anguerxa* et l'importante ville industrielle et commerciale de Malines, les auteurs des cartes catalanes semblent ignorer l'existence de ces villes. « Les Catalans ont constitué le prototype de la carte de » l'Europe septentrionale, tel qu'il s'est maintenu chez les géographes, » pendant près de deux siècles, » dit le Dʳ Hamy, (la mappemonde de Angelino Dulcert ou Dulceri, de 1339, doit être considérée, d'après lui comme la plus ancienne carte catalane connue) ; « après eux, dès la seconde moitié du » XVIᵉ siècle, *les travaux de Mercator et de son école* remettent toutes choses » en place et le progrès ne s'arrête plus et arrive, par une série d'améliorations » graduelles, à l'état de perfection où nous la voyons aujourd'hui. »

guide, les marins osaient, dans des mers fermées comme la Méditerranée, ou quasi fermées comme la mer du Nord, affronter le large, avec la certitude de trouver au bout de leur route une terre hospitalière ; mais dès qu'ils abordaient l'Océan sans limite, une vague terreur de l'inconnu les saisissait et à peine avaient-ils quitté la côte de quelques journées, l'effroi les paralysait ; ils se hâtaient de gouverner à l'est pour accoster. « Il n'y a personne qui oserait prendre son large, « on tient les rivages, » disait Abou-Rehan, géographe persan, qu'on nommait le *docteur très subtil.* — « L'Océan, » dit le Dr Hamy, « inspirait une véritable terreur ; traverser ses » redoutables tempêtes et braver les pirates qui en sillonnaient » les abords, était considéré comme un véritable exploit nau- » tique. »

Après la chute de Ptolémaïs (1291), dernier rempart chrétien en Orient, un profond désespoir s'empare de l'Europe, épuisée par deux siècles de guerre étrangère. Les chevaliers sont les premiers à déposer les armes et l'on voit l'élite de la milice sainte, les *Templiers*, se retirer en France dans leurs riches commanderies et renoncer à la lutte, se confinant dans la mollesse et l'oisivité, grâce à l'immense fortune qu'ils ont acquise par les dons des fidèles pour conquérir le Saint-Sépulcre. En vain Clément V et Philippe le Bel convient-ils, en 1306, Jacques Molay, le chef du Temple, à s'unir aux chevaliers de St.-Jean pour reprendre l'œuvre des croisades, celui-ci se déclare impuissant à vaincre la répugnance de ses frères d'armes. Ce fut la cause de la perte des Templiers. Philippe le Bel, le roi faux-monnayeur, après avoir ruiné la Flandre, arrache au faible Clément V la condamnation de l'ordre du Temple afin de s'emparer de ses richesses.

Chose inattendue, c'est le commerce qui reprend alors les croisades sous une forme nouvelle. Un patricien de la mercantile Venise, Marino Sanudo (ou Sanuto dit Torcellus) qui avait visité la Palestine, l'Arménie, l'Égypte, les îles de Rhodes et de

Chypre (¹), présente au pape Jean XXII et adresse à tous les souverains de l'Europe, en 1320, un mémoire intitulé : *Secreto fidelium Crucis, (Le Secret des fidèles de la Croix)* dans lequel il expose, avec de grands détails, un plan d'invasion de l'Égypte et la possibilité d'ouvrir vers l'Inde une route directe, qui rétablirait le commerce de l'Occident avec le pays des épices et des aromates, malgré l'occupation des ports de la Palestine par les infidèles. Le produit de ce commerce fournirait les capitaux nécessaires pour reprendre les expéditions militaires et la conquête de Jérusalem. A ce mémoire, Sanudo, qui était un savant géographe, joignait une série de dessins remarquables, destinés à justifier son projet.

Les propositions de Sanudo n'eurent aucune suite, et l'on conçoit qu'après les obstacles rencontrés par St.-Louis en Égypte, il eût été chimérique de tenter de nouveaux efforts dans cette voie ; mais ces propositions provoquèrent pendant deux siècles la recherche d'une route vers l'Inde, dans différentes directions ; presque tous les projets présentés comme solution de cette question sont justifiés comme celui de Sanudo. Christophe Colomb lui-même déclare dans sa correspondance avec le souverain d'Espagne, que ce qu'il veut en cherchant la route de l'Inde par l'Ouest, c'est acquérir assez de richesses pour reprendre l'œuvre de la conquête du Saint-Sépulcre, abandonnée par l'épuisement des finances de l'Europe. L'œuvre des croisades repose désormais sur une base purement mercantile, destinée à appuyer l'œuvre héroïque et religieuse.

On attribue au célèbre alchimiste Raimond Lulle, (1235-1315) né dans l'île de Majorque, la première idée de chercher la route de l'Inde suivant les côtes ouest de l'Afrique, par voie

(1) Marino Sanudo visita également la Flandre, probablement sur l'un des navires Vénitiens qui abordèrent à l'Écluse et à Anvers en 1318, et visita même le Holstein et la Baltique, sur lesquels ses cartes fournissent des données absolument inconnues de ses devanciers, ainsi que le dit le Dʳ Hamy.

Mappemonde de Marino Sanuto (1320)

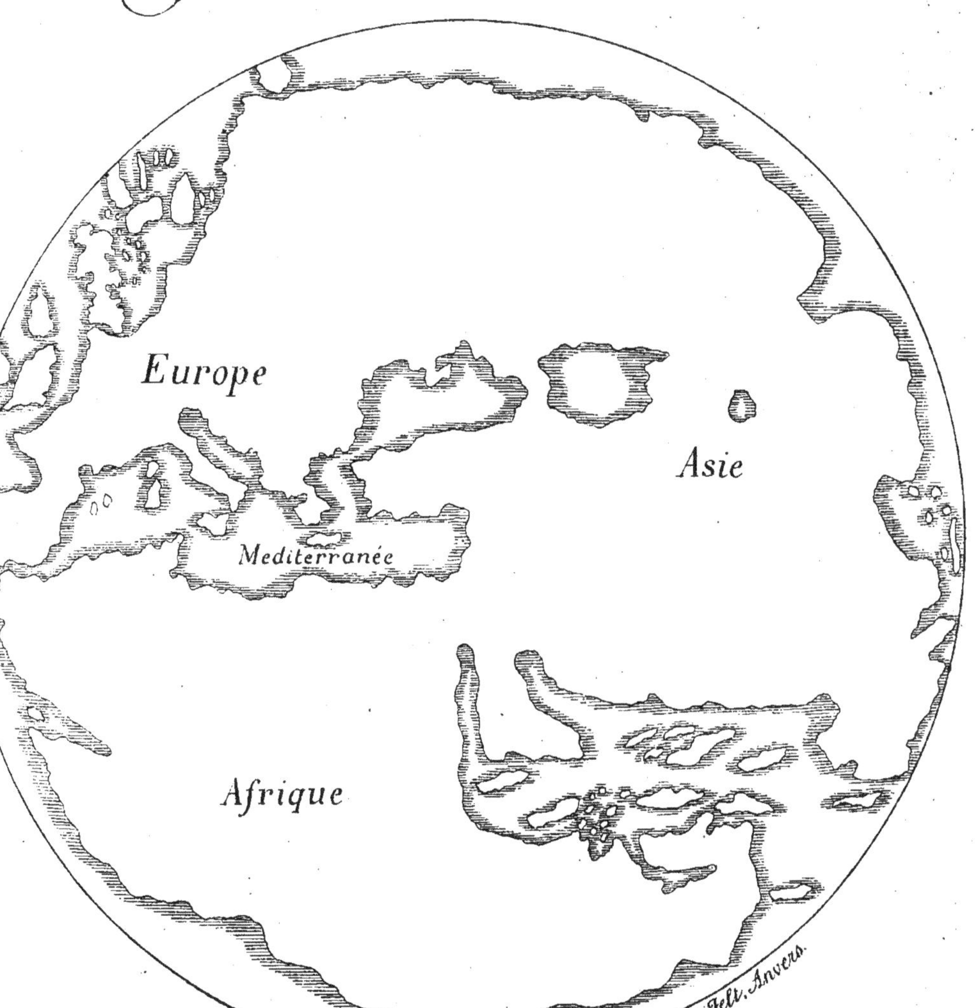

Europe
Asie
Mediterranée
Afrique
Lith. C t Fell. Anvers.

de mer. Lulle avait vécu pendant plusieurs années en Barbarie, sur les côtes du Maroc au milieu des savants arabes ; il est probable qu'il puisa l'idée d'une telle route chez les marins arabes, dont la navigation s'étendait le long de cette côte, et fit même découvrir des îles inconnues aux Européens.

Plusieurs faits vaguement connus des marins européens avaient attiré leur attention de ce côté : — C'est ainsi que d'après le récit de Pétrarque, un marin génois, Lancelot Maloxello, aurait franchi les colonnes d'Hercule et découvert, le long des côtes d'Afrique, une île où il aurait bâti un château en 1275. — Cecco d'Ascoli ou de Stabili, (brûlé comme magicien en 1327), qui comme Lulle, était en relation avec les savants arabes, raconte qu'en 1291 le Génois Theodisio Doria, et les frères Ugolin et Guy de Vivaldo armèrent deux galères pour tenter « *un voyage nouveau et inusité vers l'Inde par l'Occident.* » Ils emmenaient avec eux deux franciscains pour convertir les infidèles des contrées nouvelles qu'ils espéraient découvrir. On ignore ce que fit cette expédition, dont on a retrouvé les traces dans les archives de Gênes et qui d'ailleurs périt en route.

Éclairé par ces faits, Denis *le Libéral*, roi de Portugal, s'appliqua avec ardeur à découvrir cette route maritime, indiquée vers l'Inde. Tout d'abord il engagea à son service des marins génois réputés alors les plus habiles de la Méditerranée, avec l'espoir de profiter de leur expérience maritime pour développer le commerce de son royaume et aussi pour connaître les découvertes que les Génois prétendaient avoir faites (1). En 1319, Denis concéda à Emmanuel Pezagno (Manoel

(1) A une époque antérieure, les Portugais avaient déjà fait appel à l'expérience maritime des Italiens. Au temps d'Alfonse I^r, comte, puis roi de Portugal (1112-1185), ancêtre du roi Denis, l'*Histoire de Compostelle* nous apprend que les Sarrazins venant chaque année piller les côtes de la Galice, l'archevêque de Saint-Jacques, pour mettre un terme aux souffrances de son troupeau, ne trouva d'autre moyen que d'envoyer quérir au loin des charpentiers adroits qui puissent construire des galères, et des pilotes pour les diriger. Il n'y avait pas alors en Galice d'hommes

Pançanha) la charge d'amiral héréditaire de Portugal, sous condition d'avoir constamment à ses ordres un état-major de vingt officiers gênois ou italiens, pour la conduite et la construction de ses galères. Il fixa également par de sages règlements, les relations commerciales navales entre le Portugal et la Flandre, l'Angleterre, la France.

Le roi *Denis* (Diniz) réorganisa non seulement la marine commerciale de son royaume, mais encore les ordres militaires religieux du Portugal, destinés à combattre les Maures sur terre et sur mer, qui formaient sa véritable marine militaire. Dans cette réorganisation il semble avoir eu comme la ,préscience des services immenses que ces ordres devaient rendre dans la suite, pour la découverte de la route des Indes. A ce titre leur institution mérite de nous arrêter un instant.

Toute l'histoire du Portugal semble reposer sur les traditions héroïques de la chevalerie religieuse depuis le fondateur du royaume, *Henri*, fils de Robert I^r de Bourgogne et descendant de Hugues Capet, qui, ayant suivi, croit-on, Godefroid de Bouillon en Palestine, vint ensuite en Ibérie, où, après des aventures romanesques accomplies avec le Cid, il obtint la main de Tereja, fille d'Alphonse X, roi de Castille. Il reçut en apanage le *comté de Portugal*, dont la capitale était Guimaraens et qui occupait le territoire de la province de Beira, confinant à la limite des possessions des Maures, alors maîtres de Lisbonne. Son fils *Alphonse-Henri* conquit Lisbonne avec le concours des croisés flamands, conduits par le comte d'Aerschot en 1147 ; Alphonse-Henri, devenu roi, avait fondé l'ordre militaire et religieux *da Aza de San-Miguel* (l'aile de St.-Michel), auquel se substitua en 1167 *da Ordem Nova* (l'Ordre nouveau, plus tard l'ordre d'Evora, puis de St.-Benoît d'Aviz), qui servait d'armée permanente au royaume,

habiles dans la pratique navale et les envoyés du prélat, après avoir visité Arles, Gênes, Pise, ramenèrent le Génois Ogerio qui fabriqua deux birêmes pour déloger les Sarrazins des îles où ils se refugeaient, et rendre la paix au pays.

toujours menacé par les Maures. A ces ordres étaient venus se joindre des chevaliers de St.-Jacques et des Templiers d'Espagne, qui, loin de vivre dans l'indolence comme en France après la chute de St.-Jean d'Acre, continuaient en Ibérie à combattre les infidèles avec une ardeur égale à celle du passé.

Aussi le roi Denis ayant obtenu du pape Nicolas IV, en 1288, l'autorisation de constituer les *chevaliers de St-Jacques (Santiago)*, qui se trouvaient en Portugal et relevaient de la commune de Castille, en un ordre particulier portugais, s'éleva-t-il avec énergie contre la suppression des Templiers, ordonnée par les bulles du pape Clément V ; il rappela leur mission spéciale qui était de défendre la province des Algarves, où ils avaient, à l'embouchure du Guadiana, leur principal établissement maritime à Castro-Marim. En fils obéissant de l'Église, Denis se soumit néanmoins aux ordres venus de Rome, mais il évita la difficulté en reconstituant les Templiers sous forme d'un ordre nouveau, purement portugais, qui reçut le nom d'*Ordre du Christ*, rappelant le titre primitif des Templiers, *milites Christi*. Après une enquête sévère, ordonnée par le pape à la demande du roi Denis, effectuée par une commission de prélats sous la présidence de l'archevêque de Lisbonne, la conduite des Templiers du Portugal fut reconnue irréprochable et leur transformation approuvée par le pape Jean XXII, en 1219. Ils furent mis en possession du riche couvent des Templiers à Thomar. Ces chevaliers du Christ étaient soumis à la règle de Saint-Benoît et aux constitutions de l'ordre de Citeaux. Outre les épreuves ordinaires des Templiers, l'admission au rang de *chevalier* exigeait un noviciat de trois ans de guerre contre les Maures, et les *ecclésiastiques* étaient soumis à la claustration.

Le soin avec lequel le roi Denis réorganisa, avec l'approbation du pape Jean XXII, ces ordres religieux et militaires appelés à combattre les infidèles, combiné avec les efforts qu'il fit pour réorganiser sa marine, à la même époque que Sanudo

présenta au Saint-Siège ses nouveaux projets de croisade, por-
terait à croire que pour Denis et le pape, l'idée de la recherche
d'une *route maritime vers les Indes* n'y était pas étrangère.
Ce fut en effet, comme nous le verrons, en utilisant l'obligation
religieuse du sacrifice absolu, imposée aux chevaliers du Christ,
que le descendant du roi Denis réussit à triompher de la
terreur de la haute mer, qui arrêtait tous les marins, et à
ouvrir cette *route de l'Inde*, à peine entrevue au temps du
roi Denis.

CHAPITRE II.

La route maritime de l'Inde dans l'antiquité.

Sur quels faits reposait l'espérance d'ouvrir une route maritime vers l'Inde, par l'Occident de l'Afrique ? C'est ce qu'il importe d'examiner.

Hérodote raconte, d'après une tradition recueillie en Égypte, qu'un roi égyptien de la 26ᵉ dynastie, nommé Necos (ou Nekaon), qui régnait environ 600 ans avant l'ère chrétienne, après avoir repris le projet du grand Sésostris d'ouvrir un canal de communication entre le Nil inférieur et la mer Rouge (projet réalisé de nos jours par le percement de l'isthme de Suez), voulut encore réunir la mer Rouge à la Méditerranée par une autre voie. Il fit construire des navires dans un port de la mer Rouge et les pourvut d'équipages phéniciens, réputés les plus intrépides de son temps : « Il fit » partir les Phéniciens, » dit Hérodote, « sur ces vaisseaux, » avec ordre de rentrer dans la mer du Nord (la Méditer» ranée) par les colonnes d'Hercule (Gibraltar) et de revenir » ainsi en Égypte. Les Phéniciens s'étant embarqués, naviguèrent » vers la mer Australe. Quand l'automne était venu, ils » abordaient à l'endroit de la Lybie (Afrique) où ils se trou» vaient et semaient du blé. Ils attendaient le temps de la » moisson et après la récolte ils se remettaient en mer. » Ayant ainsi voyagé pendant deux ans, la troisième année » ils doublèrent les colonnes d'Hercule et revinrent en Égypte. » Ils racontèrent à leur retour qu'en faisant voile autour de

» la Lybie, ils avaient eu le soleil à leur droite, ce qui ne
» me paraît pas croyable (c'est Hérodote qui parle), mais ce
» qui pourra le paraître à d'autres. C'est ainsi que pour la
» première fois la Lybie a été connue. »

Si l'on rapproche ce récit de la mappemonde dressée par
Marino Sanuto en 1320, il prend toutes les apparences de la
vérité. Le dessin de Sanuto nous fournit déjà la conception
d'une forme de l'Afrique très approchée de celle connue de nos
jours : un immense continent, affectant la forme d'un triangle
dont la base s'appuie à la Méditerranée et dont le sommet
nord-est est relié à l'Asie par un isthme étroit qui sépare la
Méditerranée de la mer Rouge (isthme de Suez) ; la pointe
australe du triangle africain, fortement infléchie à l'est, en
dépare seule la forme régulière. D'après le dessin de Sanuto,
le voyage de circumnavigation des Phéniciens est évidemment
possible et, chose plus remarquable encore, on y voit apparaître
une voie de navigation maritime non interrompue entre le
Portugal et l'Inde, en suivant une route inverse de celle suivie
par ces premiers explorateurs.

Une telle connaissance de l'Afrique, près de trois siècles
avant la découverte du cap de Bonne-Espérance, est bien
faite pour étonner. Au XIVe siècle en effet, les connaissances
géographiques des Européens semblent s'arrêter en Orient, à la
Palestine où le flot montant de l'invasion arabe oppose une
barrière insurmontable à leurs investigations ; en Occident,
elles ne dépassent pas les limites de la Mauritanie (Maroc).
C'est pourquoi un grand nombre d'auteurs ont mis en doute
la vérité du voyage de la flotte phénicienne de Necos et l'exactitude de la carte africaine de Sanuto, et en arrivent à ne
voir dans l'un et l'autre document qu'une œuvre d'imagination
qui, par l'effet du hasard, devait acquérir dans la suite une
singulière réalité !

Maltebrun, examinant d'abord ce que pouvait avoir de réel
ou de fictif le récit du voyage des Phéniciens donné par Hérodote, hésite à se prononcer. Il déclare que s'il y a de

sérieuses raisons pour l'affirmer, raisons basées sur les connaissances des temps présents, il en est néanmoins d'autres
qui permettent de le mettre en doute. — Vivien de Saint-Martin,
beaucoup plus positif, sans nier la possibilité d'un immense
cabotage tel que celui qu'auraient exécuté les Phéniciens, pour
contourner l'Afrique en trois années de la mer Rouge jusqu'à
la Méditerranée, croit que ce voyage est invraisemblable ; il
remarque, avec beaucoup de raison, qu'une entreprise aussi
merveilleuse que celle attribuée à la flotte du roi Nécos, eût
certainement laissé des traces plus positives dans l'histoire
que le vague récit d'Hérodote. « Elle a laissé si peu de traces,
« dit-il » même dans la mémoire des prêtres d'Égypte, que
» ceux-ci, dans ce qu'ils disent à Hérodote de la mer Érythrée
» (mer des Indes) la regardent comme inaccessible aux naviga-
» teurs, et qu'Eratosthène, ni Marin de Tyr, deux grands investi-
» gateurs des anciens documents, n'en trouvèrent le moindre
» vestige, ni dans la bibliothèque d'Alexandrie, ni dans les
» livres phéniciens. Le premier de ces deux géographes (230
» ans avant J.-C.) ne connaît rien au delà du cap des Aromates
» (notre cap Guardafui), qui est pour lui la limite du monde
» austral aussi bien que pour d'autres Alexandrins d'une époque
» encore plus rapprochée, et Marin (environ an 100 de l'ère
» chrétienne) croit qu'aux extrémités de l'Azanie, ce qui
» revient au parallèle de Zanzibar (6º de lat. sud), la côte
» africaine tourne à l'est, pour aller rejoindre l'Asie orientale
» et faire de la mer Érythrée une autre Méditerranée, » c'est-
à-dire une mer sans communication avec l'Atlantique. Ces
raisons sont très sérieuses, mais ne suffisent pas pour fixer les
limites des connaissances du temps, sur les côtes orientales
et occidentales de l'Afrique.

Il est certain que sur la côte orientale, la navigation se
borna d'abord à la mer Rouge ou golfe Arabique. La bible
nous apprend que Salomon uni aux Tyriens, (l'an 1000 environ
avant notre ère) envoya à Ophir une flotte qui en rapporta
de riches cargaisons, de l'or, de l'argent, des dents d'élé-

phants, des singes, des paons ; elle en ramena même la reine de Saba, apportant de magnifiques présents à Salomon. On est d'accord pour placer le mystérieux Ophir et le siège du royaume de Saba, dans l'Arabie heureuse et la région de l'Yemen, c'est-à-dire en deçà du détroit de Bab-el-Mandeb, limite de la mer Rouge. Selon toute probabilité, cette région, qu'on nommait « *la Terre d'or* » suffit longtemps au commerce de Tyr ; mais lorsque l'on voit dans les siècles suivants les hardis marins arabes s'étendre au loin dans la mer des Indes, on ne peut affirmer que les Tyriens ne soient pas sortis de la mer Rouge avant eux, pour s'étendre sur les côtes d'Afrique; il est possible même qu'ils y aient précédé les Arabes. Les Tyriens cachaient soigneusement le but de leurs expéditions commerciales, ainsi que le voulait la coutume de l'époque, de crainte d'y rencontrer des rivaux, et ce secret devait échapper ainsi aux géographes officiels tels qu'Ératosthène et Marin (si même il n'était soigneusement gardé par ceux-ci). S'il n'est pas prouvé qu'au temps du roi Necos, les marins phéniciens aient déjà dépassé le cap des Aromates, il est absolument certain que par la suite, les navigateurs s'étendirent sur la côte, beaucoup au delà de Zanzibar, au moins jusqu'à Soffala (20° de latitude sud). Cette localité est déjà indiquée sur la mappemonde dite *Table ronde rogerienne*, exécutée en 1154 par le géographe arabe, Abou-Abdalla-ben-Mohammed-el-Edrisi de Tétouan pour le roi Roger de Sicile, dont la mappemonde de Sanuto n'est qu'une copie à peu près rigoureuse. En 1871, l'explorateur allemand Carl Mauch a retrouvé non loin de Soffala, région aurifère aussi riche que l'Ophir de l'Yemen, des restes de constructions massives en pierres dures, certainement antérieures aux portugais, et qui ne peuvent avoir été élevées en ce lieu que par les Arabes.

Ces faits ne suffisent peut-être pas pour donner créance au voyage rapporté par Hérodote, mais ils démontrent au moins que la mappemonde de Sanuto, copie de la mappemonde arabe de El-Edrisi, ne donne pas sur la configuration de la côte orientale de l'Afrique des renseignements purement imaginaires ; elle reflète, sinon des connaissances exactes, du moins les traces d'une navigation positive dans ces parages.

Passons maintenant à la côte occidentale, où, au sortir du détroit de Gibraltar, nos cartes modernes nous indiquent quatre groupes d'îles, qui sont comme des avant-postes de défense à l'entrée de la Méditerranée : les *Açores*, à peu près à la latitude de Madrid, *Madère*, à la hauteur de Mogador, les *Canaries*, peu au dessus du cap Bojador, enfin les *îles du Cap Vert*, à la hauteur du cap du même nom.

Au VIe siècle avant notre ère, c'est-à-dire à une époque à peu près contemporaine du voyage de la flotte de Necos, le sénat de Carthage équipa deux flottes, dont il donna le commandement à Hamon et à Hamilcon son frère, avec mission de sortir de la Méditerranée par les colonnes d'Hercule et d'explorer, l'un au sud, les côtes de l'Afrique, l'autre au nord, les côtes de l'Europe. Le résultat de ces expéditions n'est pas connu ; « C'était, » dit Vivien de Saint-Martin, « chez » les Carthaginois de même que chez les Tyriens, une *tra-* » *dition d'État* de tenir autant que possible le secret des » relations de commerce et des établissements lointains. » Les seuls faits positifs à déduire des indications vagues parvenues jusqu'à nous sur ces voyages de découvertes des Carthaginois, sont — d'une part : la mention d'un établissement colonial fondé par Hamon aux *îles Canaries*, que les Carthaginois nommaient les *Iles Infortunées*, et peut-être sur la côte qu'il longea croit-on, jusqu'à la hauteur de Sierra Leone ; — et d'autre part : la découverte par Hamilcon des *Iles Sally* (Sorligues) sur la côte de Cornouaille, qui reçurent le nom de *Cassitérides*, à cause de leur richesse en étain.

Carthage disputait à cette époque le commerce de la Méditerranée à Tyr, sa métropole ; Tyr, par sa position géographique, était maîtresse de la route de l'Inde par le golfe Persique et le golfe Arabique. Ce fut évidemment dans le but de se créer un commerce colonial équivalent vers l'ouest, que Carthage entreprit les reconnaissances dirigées par Hamon et Hamilcon et poursuivies pendant plusieurs années, même après la conquête romaine. Les efforts que tenta Carthage dans cette voie offrent beaucoup d'analogie avec ceux tentés plusieurs siècles plus tard par le Portugal, ainsi que nous le verrons, pour rétablir le commerce colonial vers l'Orient, après la fermeture des ports de la Palestine. Les Portugais cherchaient à ouvrir une communication vers l'Inde et l'on serait tenté de croire que Carthage, informée du succès du voyage de circumnavigation ordonné par Necos, poursuivait déjà un but analogue.

Les rares renseignements que l'on possède sur ces travaux d'exploration, commencés par les Carthaginois et continués ensuite par les Romains, indiquent qu'ils eurent pour résultat (comme ceux des Portugais plus tard) la découverte de certaines îles de l'Atlantique; nous les résumerons d'après d'Avezac, qui semble avoir réussi à identifier la plupart des îles dont leurs historiens font mention, avec celles connues aujourd'hui, au moyen de quelques détails descriptifs et de l'indication de leurs distances relatives :

« Plutarque, mentionnant la rencontre faite par Sertorius (¹)
» dans un port de la Bétique, de quelques mariniers nouvellement
» revenus d'un voyage aux îles Atlantides, les décrit d'après
» leur rapport, comme deux îles peu distantes entre elles,
» éloignées de 10,000 stades du continent Ibérien et appelées
» *îles des Bienheureux*. Jouissant d'un climat très doux et
» d'une admirable fécondité, les barbares eux-mêmes les
» regardaient comme le champ Élyséen célébré par Homère. »
d'Avezac suppose que ces îles étaient celles de *Gran-Canaria*
et de *Ténérife* de l'Archipel des Canaries.

» Statius Sebosus, suivant Pline, avait appris d'après des
» navigateurs gaditains, qu'à 750 milles de Gades (Cadix) on

(1) Sans doute Sertorius Quintus, célèbre capitaine romain qui suivit Marcus dans les Gaules et se sauva en Espagne en l'an 87 avant J.-C., par échapper à la proscription de Sylla.

„ trouvait l'île *Junonia (Graciosa* des Canaries suivant
„ d'Avezac) à l'occident de laquelle et à pareille distance,
„ était *Pluviala (Lanzarote)* ainsi nommée parce qu'elle n'avait
„ d'eau que par les pluies et *Capraria (Fuerteventura)*. A
„ 250 milles de celles-ci étaient les *îles Fortunées* (proba-
„ blement îles des Bienheureux de Sertorius) sur la gauche
„ de la Mauritanie au sud-est ; l'une était appelée *Convallis*
„ *(Ténérife)* à raison de sa forte convexité, l'autre *Planaria*
„ *(Gran-Canaria)* à cause de son aspect uni. »

Pline nous apprend encore, d'après les écrits du roi Juba-le-
jeune, élevé au trône de Mauritanie (An 30 av. J.-C.) par la
faveur d'Auguste, que „ Juba II, qui avait établi des teintureries
„ de pourpre dans les îles voisines de la côte des Autololes,
„ d'où elles furent appelées *Purpurines* (îlot de Mogador),
„ s'enquit des îles Fortunées et voici ce qu'il apprit : — Il
„ fallait naviguer 625 milles au sud-ouest des Purpurines,
„ savoir 375 milles au midi et 250 à l'ouest pour arriver
„ d'abord à *Ombrios (Lanzarote)* qui n'offrait aucune trace
„ d'habitation et avait un lac dans les montagnes.... Une
„ autre île était appelée *Junonia (Graciosa)* et ne renfermait
„ qu'une petite maison de pierre ; au voisinage un îlot de
„ même nom *(Montana-Clara)*. Au delà se trouvait *Capraria*
„ *(Fuerteventura)* remplie de grands lézards. De ces îles on
„ apercevait la nébuleuse *Nivaria (Ténérife)* ainsi appelée
„ de ses neiges perpétuelles. Sa voisine *Canaria (Gran-Canaria)*
„ devait ce nom à la multitude de ses grands chiens. „

Ptolémée, à son tour, énumère six *îles Fortunées* qui se
succèdent du nord au sud dans l'ordre suivant : *Aprositos
(Alegranza), Junonia (Graciosa), Pluviala (Lanzarote),
Casperia* ou plutôt *Capraria (Fuerteventura), Canaria* et
Ninguaria (Ténérife).

Avec la conquête arabe de l'Espagne, les découvertes se
poursuivent ; la géographie de l'Afrique se fixe avec une
précision dans laquelle entre peut-être autant de fantaisie que
de science, dont la mappemonde d'El-Edrisi nous donne une

idée, et cette mappemonde devient le prototype d'une foule de productions italiennes, celles de Sanuto, Fra Mauro, etc. Les navigateurs continuent à enregistrer successivement les îles qu'ils aperçoivent dans leurs voyages en mer, mais sous des formes si confuses, avec si peu de méthode, que El-Edrisi, voyant leur nomenclature croître sans cesse, n'hésite pas à porter leur nombre à 27,000, les unes peuplées, les autres désertes. Après lui, Ebn-el-Ouardy affirme que ces îles sont si nombreuses, que Dieu seul pourrait les compter ! Parmi ces îles, dix-sept, dont les écrits arabes nous ont conservé les noms, paraissent avoir été abordées par les hommes, mais on a vainement cherché à les identifier avec les îles actuellement connues.

Six îles, qu'ils nomment les *îles Éternelles*, attirent surtout l'attention des géographes parce que, situées à environ dix degrés à l'ouest de l'Europe, Ptolémée y a fixé l'origine des longitudes ; mais les renseignements que l'on possède à leur sujet sont si mal déterminés, qu'on hésite encore entre les *Canaries* et les *Açores* pour fixer la position du méridien initial adopté par Ptolémée.

La lutte que les Arabes soutinrent ensuite en Espagne contre les chrétiens mit une puissante entrave à ce beau zèle géographique ; les découvertes du passé furent oubliées et la géographie africaine tomba dans les *ténèbres du moyen âge*.

Archipel des CANARIES

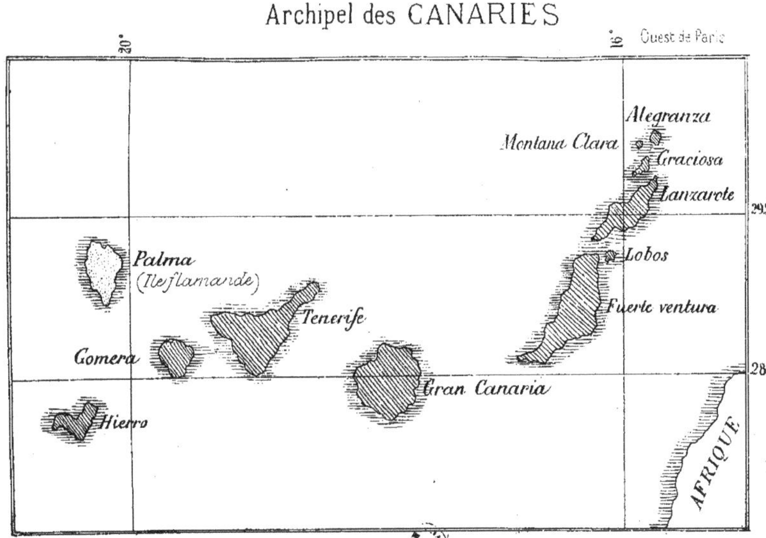

CHAPITRE III.

Les légendes de la mer ténébreuse.

Afin de peindre l'indéfini des parties du monde, supposées
inhabitables, qui entouraient l'*oecumène,* c'est-à-dire les régions
connues et habitées, Strabon disait « qu'au delà de Thulé, (Islande)
» on ne rencontre plus ni terre, ni mer, ni air, mais une concrétion
» de ces divers éléments, semblable au *poumon marin,* qui
» tient en suspension et réunit par un lien commun la terre,
» la mer et l'air et ne permet plus à l'homme de marcher et
» de naviguer. » — Cette définition, qui rappelle celle de Pascal
sur l'infini : « une sphère dont le centre est partout, et la
surface nulle part, » semble dire beaucoup et ne dit rien. —
Des savants positivistes se sont ingéniés à découvrir ce que
pouvait être, ce mystérieux *poumon marin* de Strabon ; ils
ont supposé successivement les glaces polaires, la pierre ponce
des volcans qui semblent exister vers le 75e degré de latitude,
la fumée projetée par l'Hékla, etc. Il faut beaucoup de bonne
volonté pour vouloir déterminer ce qui est indéterminé.

L'idée la plus généralement admise était qu'au delà du monde
connu règnaient les *ténèbres,* expression physique de l'obscurité
qui régnait aussi dans l'esprit des hommes sur ces régions.

La Grèce, plus poétique, inventa des légendes pour peupler
ces régions mystérieuses.

Elle supposa aux limites de la terre, un jardin délicieux,

aux pommes d'or, dans lequel vivaient les nymphes filles de Gorgone, les Hespérides. Ce mythe subit diverses transformations : les Gorgones devinrent des Amazones belliqueuses ; sous les ordres de leur reine Méduse, elles furent défaites par Persée, puis détruites par Hercule qui rapporta à son père Euryste les pommes d'or, comme preuve de sa victoire. Hésiode place ce pays au delà des colonnes d'Hercule. Homère suppose aux limites de la terre les Champs-Elysées, et Plutarque les décrit sous forme de deux îles qu'il nomme *îles des Bienheureux*, désignation que les Latins traduisirent par *îles Fortunées*.

Homère imagine aussi, par delà les colonnes d'Hercule, l'*Atlantide*, habitée par une population considérable qui menaçait d'envahir l'Europe, lorsque tout à coup un cataclysme l'engloutit dans les eaux en un jour et une nuit. Cette fable prend une sorte d'apparence de vérité de la forme des hauts fonds de l'Océan, desquels s'élèvent les Archipels océaniques, désignés par quelques géographes modernes sous le nom commun de *Macaronésie*, en souvenir de l'ancienne appellation grecque, « îles des Bienheureux ».

Les écrits des Arabes contribuent à répandre un caractère mythique sur ces îles. Elles sont visitées par Dzou-el-Qarnayn, sorte de héros bicorne, qui, dans leurs traditions occupe la place de l'Hercule antique et, semblable au Sindbad des *Mille et une Nuits*, y rencontre les aventures les plus extraordinaires. — Dans l'île de *Qadés*, il voit des tours, hautes de cent coudées, servant de phares et au sommet desquelles se trouve une statue d'airain, le bras tendu en arrière pour avertir qu'il n'y avait point de route au delà. C'est évidemment l'image représentative du premier méridien que les Arabes assignent comme limite au monde, et la tradition de cette figure persiste chez les Portugais lorsque, *après la découverte de l'Amérique*, ils racontent que Velho Cabral trouva en 1444, dans l'île de Corvo des Açores, une statue équestre sculptée sur la paroi d'un rocher, montrant l'Occident et semblant indiquer la route

de l'Amérique, au dessous de laquelle était gravée une légende
indéchiffrable ; seulement avec les connaissances géographiques
de chaque époque, la légende se modifie : pour les Arabes,
c'est l'avertissement de ne pas dépasser la limite fatidique
assignée à l'activité des hommes ; pour les Portugais, le *San
Marco* de Corvo incite mystérieusement à la conquête d'un
monde nouveau (¹). — A *Sa' àly*, Dzou-el-Qarnayn rencontre
une population parlant un langage inintelligible et dont aucun
signe extérieur ne distingue les sexes ; hommes et femmes ont
des feuilles de palmiers pour seul vêtement. Les hommes n'ont
pas de barbe ; des dents aiguës leur sortent de la bouche et
leurs yeux lancent des éclairs, tandis que leur souffle est
enflammé comme des charbons ardents. Ils font la chasse aux
monstres marins dont ils se nourrissent. — A *Ilhasarat* vivent
des hommes basanés, de petite taille, de véritables nains
ayant une grande barbe, la face large, de longues oreilles,
se nourrissant d'herbages comme les animaux. — A *Qalhan*
les habitants ont des formes humaines, mais une tête d'animal ;
ils plongent dans l'Océan pour en retirer les monstres marins
qu'ils mangent. — A *Mostaschkyn*, Dzou-el-Qarnayn rencontre
un dragon qui rappelle celui du jardin des Hespérides. Pour
le vaincre il fait remplir deux peaux de bœufs de poisons
et de matières inflammables ; lorsque le monstre les eut
englouties, il lui lance dans la gueule une barre de fer rougie,
par allumer le soufre, la poix et l'huile dont il est gorgé, et

(1) Pour que rien ne manque à l'apparente réalité de la légende, l'historien
portugais Damian de Goes raconte que le roi Jean III, (1521) ayant ordonné
qu'on détachât la statue du roc pour la transporter à Lisbonne, l'opération
fut faite d'une manière maladroite et la statue entièrement brisée.

La diplomates assemblés à Tordesillas afin de délimiter les droits des
Espagnols et des Portugais dans les découvertes, à défaut d'un accident
naturel propre à fixer d'une manière certaine l'origine des longitudes,
résolurent d'élever dans les îles un monument pour y suppléer. Le monument
ne fut jamais construit et le problème du *premier méridien* reste encore
ouvert et discuté de nos jours. La légende n'a peut-être pas d'autre origine
que cette résolution diplomatique.

le faire éclater. En signe de reconnaissance, les habitants lui offrent en présent un petit animal appelé Mo'âregj, semblable au lièvre, ayant le poil doré, une corne noire au front et dont le seul aspect mettait en fuite les lions et tous les animaux féroces.

Le voyage, très réel d'ailleurs, de huit cousins germains nommés les *Maghrourins* (c'est-à-dire les *déçus*, ceux qui ont été trompés dans leur attente), dont le nom d'une rue de Lisbonne conserve encore le souvenir, est raconté sous une forme non moins fantastique. Ils quittent Lisbonne afin de visiter l'Océan, connaître ce qu'il renferme et découvrir ses limites. Avec un navire chargé de vivres et d'eau pour plusieurs mois, ils naviguent à l'Ouest et après onze jours, trouvent une mer épaisse, fétide, semée d'écueils, que le jour éclaire à peine ; redoutant les périls, ils changent leurs voiles et courent au Sud l'espace de douze journées ; ils rencontrent alors l'île d'*El-Ghanam* ou *El-Aghnam*, ainsi nommée à cause des troupeaux de *moutons* qui y paissent sans bergers. Ils tuent un de ces animaux, mais sa chair a une telle amertume qu'ils renoncent à en manger. On suppose que cette île était l'île de *Madeira*, nommée *Legname* sur les portulans latins, dont le nom offre un grand rapport de consonnance avec *El-Ghanam* ; on y trouve en effet des chèvres dont, suivant Berthelot, la chair est rendue amère par l'herbe, dite *coquerel*, qu'elles broutent. Non loin est l'île *Râqâ* (ou des *Oiseaux*, peut-être Porto-Santo) ; là des oiseaux semblables à des aigles rouges, armés de griffes, se nourrissent de poissons et de coquillages. Il y croît une espèce de fruit analogue aux figues, qui est l'antidote de tous les poisons ; on raconte qu'un monarque franc, informé de la propriété de ces fruits, envoya un navire pour en rapporter, mais il périt en route. Poursuivant leur voyage au Sud, les Maghrourins, rencontrent une nouvelle île, *El-Ahkwayn* (ou des *Deux Sorciers)* habitée autrefois par deux frères, Sherham et Schabram, qui attaquaient les vaisseaux au passage, s'emparaient des cargaisons et réduisaient

les hommes en esclavage ; Dieu, pour les punir, les changea
en rochers qui émergent encore des flots. (C'était probablement
l'île *Lanzarote).* Accueillis d'abord par une population au
teint basané, de haute stature, dont les femmes ont une grande
beauté, les Maghrourins sont ensuite chargés de chaînes et
transportés, les yeux bandés, pendant trois jours et trois nuits,
jusque chez les Berbères de la côte, où ils apprennent qu'ils
ne sont qu'à deux mois de chemin de Lisbonne. Ils rentrent
à Lisbonne assez confus de leur désappointement et sont désormais désignés par l'épithète de *Déçus.*

Par la tendance à la crédulité et au merveilleux du moyen
âge, ces fictions arabes trouvent de nombreuses imitations
chez les chrétiens.

Le moine gallois Gérald le Cambrien *(Geraldus Cambrensis)*
qui vivait vers 1167, dans sa *Topographia Hiberna* récemment
mise au jour par James F. Dunack, décrit en Irlande des
îles qui, suivant un dicton populaire, étaient aussi nombreuses
qu'il y a de jours dans l'année et avaient les propriétés les
plus extraordinaires : — L'*île des Vivants* « où personne ne
peut mourir », — l'*île des Morts,* où se font transporter « les
» hommes qui n'ont plus aucun espoir, quand ils sentent qu'il
» ne leur reste plus rien de vital et où, aussitôt qu'ils y ont
» abordé en canot, ils rendent l'esprit. » — L'*île de la Stérilité,*
où les femmes ne peuvent accoucher. — L'*île des Saints,*
« dans laquelle les cadavres humains ne se décomposent pas » ;
cette île consacrée par Saint-Brandon, renfermait les corps
d'un grand nombre de pieux personnages, en l'honneur desquels
des monuments religieux avaient été construits.

C'est à Gérald le Cambrien qu'il faut faire remonter la légende
irlandaise de *Saint-Brandon,* dont le rôle est si considérable dans la géographie du moyen âge (¹). *Saint-Brandon*

(1) C'est à ce même Gérald-le-Cambrien qu'il faut également attribuer
la singulière légende du palmipède, *à la fois oiseau, poisson et plante,*
dont l'étude jusqu'au XVIIIᵉ siècle a excité la sagacité d'un grand nombre
de savants : « Il est ici (aux Orcades), » dit Gérald, « des oiseaux nombreux,

(ou Brandan), fondateur de l'abbaye de Cluainfert (dans le Connaught) en Irlande, mourut le 16 mai 578. Il fut le maître du non moins légendaire *Saint-Malo* (Macloud ou Mahout) qui passa, dit-on, en Bretagne sur une grosse motte de terre comme sur un navire, et y fonda la ville de St.-Malo, dont il fut le premier évèque. Cette circonstance fait attribuer par Achille Jubinal une origine bretonne à la légende de St.-Brandon, mais en réalité elle se retrouve dans un grand nombre d'écrits anciens appartenant aux peuples d'origine normande et paraît être une reminiscence des récits du Nord. Nous reproduirons cette légende d'après la version de M. d'Avesac, qui fait remarquer sa singulière analogie avec les récits arabes et en particulier la légende des Maghrourins.

» nommés *bernaches* (ou *bernacles*, sorte de palmipèdes fort voisins de l'oie)
» que la nature produit d'une façon admirable et contre nature ; ils sont
» semblables aux râles de marais, mais plus petits. Ils poussent comme
» des gommes sur les branches des sapins au bord de l'eau. De là, comme
» une algue adhérente au bois, enfermés pour faciliter la formation dans un
» test coquiller, ils pendent par le bec jusque, par la suite des temps,
» ayant revêtu le costume emplumé, ils tombent dans l'eau, ou librement
» se transportent en volant dans les airs. Ils prennent ainsi leur alimentation
» et leur accroissement d'un suc tout à la fois ligneux et marin, par une
» force séminale occulte, qu'on ne saurait trop admirer. » Et Gérald ajoute,
dit le Dr Hamy, qu'il a vu fréquemment de ses yeux, sur le bord de la
mer, suspendus à un seul arbre, plus de mille de ces corpuscules d'oiseaux,
enfermés dans leur test et déjà tout formés. Il affirme d'ailleurs qu'il
n'y a chez les bernaches ni rapprochement sexuel, ni nidification, ni
incubation d'aucune sorte, ce qui explique que dans certains cantons,
évêques et religieux mangent ces oiseaux les jours maigres, quoique
chair et viande, sans être nés de la chair.

Réfutée par Albert le Grand au moment où elle se produisit, cette légende ridicule eut de fervents adeptes. Cambden, Boëce, Turnèbes assurent que les bernaches se forment sur de vieux mâts de navires tombés et pourris dans l'eau (principalement en *sapin*, d'où leur vient le nom de *sapinette*), d'abord comme de petits champignons ou de gros vers qui, peu à peu, se couvrent de duvet et de plumes et achèvent leur métamorphose en oiseau. Cardan, Gyraldus et Maier affirment que ce ne sont ni des fruits, ni des vers, mais que les bernaches naissent de coquilles

« Brandon, ayant un jour donné l'hospitalité au moine
» Barinte, qui revenait de courir l'Océan, il apprit de lui
» l'existence, au delà du *Mont de pierre (?)*, d'une *île Délicieuse*,
» où son disciple Mernoc s'était retiré avec plusieurs religieux
» de son ordre. Barinte était allé la visiter, et Mernoc l'avait
» conduit à une île plus éloignée, vers l'Occident, où l'on n'arrivait
» qu'à travers une enceinte de brouillards épais, au delà
» desquels brillait une éternelle clarté : cette île était la *Terre*
» *promise des Saints.*

» Brandon, saisi d'un pieux désir de voir cette île des
» Bienheureux, s'embarqua dans un navire d'osier, recouvert
» de peaux tannées et soigneusement graissées, avec dix-sept
» religieux, parmi lesquels était Malo, alors adolescent. Ils
» naviguèrent vers le tropique et après 40 jours de mer, ils

qu'on nommait *anatife* (de *anas* canard, et *fero*, je porte, *coquille qui*
porte un canard). Maier prétend avoir ouvert un grand nombre de ces
coquilles prétendues anatifères, et y avoir trouvé tout formé l'embryon de
l'oiseau. En Bretagne on désigne encore certaines *anatifes* qui s'attachent
aux bois flottants ou à la carène des navires, sous le nom de *bernacle*
ou *bernache*, ou encore de *pousse-pied*.

L'erreur venait de ce que ces oiseaux nichant fort avant dans le Nord
et émigrant en automne ou en hiver en Angleterre et même en Hollande,
personne n'avait pu observer leur génération, ni vu leur nid. Au XVII⁰
siècle, les Hollandais ayant trouvé des œufs et des nids de bernaches,
qu'ils nommaient *rotgansen*, (de *rot*, *rot*, *rot*, cri que pousse l'animal en
se sauvant, *gans*, oie), dans le Groenland par 80° de latitude, puis en
Norwège, la légende commença à se dissiper, non sans laisser certaines
traces qui subsistent encore de nos jours ; c'est en effet à cette tradition
qu'on fait remonter l'autorisation accordée par l'Église, de manger des
sarcelles les jours maigres.

Le bernacle que l'on rencontre tous les hivers dans les îles du nord
de la Hollande est encore nommé *nonnette* ou *religieuse* à cause de son
plumage coupé de blanc et de noir.

« Voilà bien des erreurs et des chimères, » dit Buffon en traitant des
bernaches, « nous avons cru devoir les rapporter, afin de montrer à quel
» point une erreur scientifique peut être contagieuse et combien le charme
» du merveilleux peut fasciner les esprits. »

» atteignirent une île escarpée, sillonnée de ruisseaux, où ils
» reçurent la plus gracieuse hospitalité.

» Ils remirent à la voile dès le lendemain, et restèrent à
» errer au caprice des vents jusqu'à ce qu'ils furent portés
» vers une autre île, coupée de rivières poissonneuses, couvertes
» d'innombrables troupeaux de brebis grosses comme des génisses
» (île des *Moutons* ou *El-Ghanam* des Maghrourins ?) ; ils y
» renouvelèrent encore leurs provisions, et comme on était
» au samedi saint, ils choisirent un agneau sans tache, pour
» célébrer le lendemain la Pâque, sur une île qu'on voyait
» à courte distance.

» Celle-ci était unie, sans plages sablonneuses, ni coteaux
» boisés ; ils y descendirent pour faire cuire leur agneau,
» mais quand ils eurent disposé leur marmite et que le feu
» qu'ils allumèrent au dessous commença à flamber, l'îlot
» parut se mouvoir et ils coururent effrayés à leur barque,
» où Saint-Brandon était resté. Il leur apprit alors que ce
» qu'ils avaient cru un îlot solide, n'était autre chose qu'une
» baleine. Ils se hâtèrent de regagner l'île précédente, laissant
» s'éloigner de son côté le monstre, sur le dos duquel ils
» voyaient à deux milles de distance, flamber encore le feu
» qu'ils avaient allumé.

» Du sommet de l'île où ils étaient retournés, ils en aperçurent
» une autre, mais cette fois herbeuse, boisée et fleurie, où
» ils se rendirent et trouvèrent une multitude d'oiseaux qui
» chantèrent avec eux les louanges du Seigneur ; cette île
» était le *Paradis des Oiseaux* (île Râqâ des Maghrourins ?).
» Les pieux voyageurs y restèrent jusqu'à la Pentecôte.

» S'étant alors embarqués, ils errèrent plusieurs mois sur
» l'Océan. Enfin ils abordèrent à une autre île, habitée par
» des cénobites qui avaient pour patrons Saint-Patrice et
» Saint-Alibé ; ils célébrèrent avec eux la Noël (île des *Deux*
» *Sorciers* des Maghrourins ?) et ne reprirent la mer qu'après
» l'octave de l'Épiphanie.

» Un an s'était écoulé pendant ces pérégrinations et ils

„ recommencèrent sans interruption les mêmes courses pendant
„ six autres années, se retrouvant toujours pour la Noël à
„ l'île St.-Patrice et St.-Alibé, pour la semaine sainte à l'île
„ des Moutons, pour la Pâque sur le dos de la baleine et
„ pour la Pentecôte à l'île des Oiseaux.

„ Mais, la septième année, des épreuves leur étaient réservées.
„ Ils furent sur le point d'être attaqués par une baleine, puis
„ par un griffon, puis par des cyclopes. (Allusion aux aventures
„ de Sindbad ?). Ils visitèrent diverses autres îles : d'abord
„ une, grande et boisée, sur laquelle s'échoua une baleine qui
„ les avait menacés et qu'ils dépécèrent ; — puis une autre
„ île, très plane, produisant de gros fruits rouges, et habitée
„ par une population qui s'intitulait les *Hommes forts* ; —
„ ensuite une autre encore, embaumée par l'odeur de fruits
„ en grappe, sous lesquels pliaient les arbres.

„ Ayant navigué au Nord, ils virent l'île rocheuse et cou-
„ verte de scories, sans herbe ni arbres, où les cyclopes avaient
„ leurs forges ; ils s'en éloignèrent au plus tôt et eurent le
„ spectacle d'un immense incendie. Le lendemain ils virent au
„ Nord une grande et haute montagne au sommet nébuleux,
„ vomissant des flammes ; c'était l'*Enfer* (Ile Ténérife, aussi
„ nommée île de l'*Enfer* sur d'anciennes cartes ?)

„ Enfin le terme de leurs épreuves étant arrivé, ils s'em-
„ barquèrent de nouveau avec des provisions pour 40 jours ;
„ après ce temps, ils entrèrent dans la *zone d'obscurité* qui
„ entoure l'*île des Saints*, et quand ils l'eurent traversée,
„ ils se virent *inondés de lumière* au rivage de l'île tant
„ cherchée. C'était une terre étendue, semée de pierres pré-
„ cieuses, couverte de fruits comme à la saison d'automne,
„ éclairée par un jour sans fin. Ils la parcoururent durant un
„ espace de 40 journées sans lui trouver de limite. Un ange
„ leur apparut alors, pour leur dire qu'ils ne pouvaient aller
„ au delà et qu'ils devaient retourner dans leur patrie, em-
„ portant des fruits et des pierres précieuses de cette terre
„ réservée aux saints.

» Brandon et ses compagnons rentrèrent alors dans leur
» navire, traversèrent de nouveau *l'enceinte des ténèbres*,
» qui dérobe cette bienheureuse terre à la curiosité des mortels
» et vinrent aborder à *l'île des Délices*, où ils se reposèrent
» trois jours. Puis, ayant reçu la bénédiction de l'abbé du
» monastère, ils revinrent directement en Irlande raconter les
» merveilles qu'ils avaient vues ».

Un siècle plus tard, Sigebert de Gembloux ajoutait à cette
légende, que Saint-Malo ayant atteint, en compagnie de son
maître, l'île tant vantée qui s'appelait *Ima*, animé d'un zèle
ardent pour la conversion des infidèles, il ressuscita un géant
qui y était enterré, l'instruisit dans la vraie foi, le baptisa sous
le nom de *Mildus*, après quoi il le laissa mourir de nouveau.

Un gaéliste de grande autorité, W. F. Shenee, dit en parlant
de la légende de St.-Brandon : « C'est un roman pieux qui
» repose sur un fondement historique. Des récits fabuleux
» n'auraient pas été intercalés dans la biographie du saint,
» s'il n'y avait eu dans les événements de sa vie une entreprise
» pour l'extension du christianisme dans quelques îles lointaines,
» et il ne manque pas d'indices pour montrer qu'il en fut ainsi. »
C'est en se basant sur de semblables convictions qu'on s'est
efforcé d'identifier « la terre sans limites » visitée par Saint-
Brandon, *le Paradis des Saints*, avec la région de l'Amérique
du Sud arrosée par le Paragua (Orénoque) où en abordant,
Christophe Colomb eut la ferme croyance d'avoir atteint enfin
le continent de l'Asie.

A cette région se rapporte encore l'ancienne légende irlandaise
du X⁰ siècle de Coudla le Beau, fils de Coner Cet Chathac, roi
d'Irlande, qui parcourut les mers dans un canot de cristal, rajeunie
au XVIII⁰ siècle par le barde Michel Comyn, dans son poème
Tir-na-n-og ou la fontaine de Jouvence. (¹) Le vieil Ossian,

(1) Les effets thérapeuthiques remarquables obtenus dès l'antiquité par
l'emploi de certaines eaux thermales naturelles ont donné croyance à
l'existence de certaines sources ayant non seulement la propriété de guérir
des maladies, mais même capables de prolonger indéfiniment la vie et de

fils de Fionn, raconte que dans sa jeunesse, il vit un jour apparaître une jeune fille d'une merveilleuse beauté, nommée Niamh (la brillante) qui l'invita à l'accompagner jusqu'à Tir-na-n-og, une terre située au delà des mers à l'Ouest. « C'est » lui disait-elle, « la plus délicieuse contrée qui existe et la plus » célèbre au monde ; les arbres y sont chargés de fruits et » de fleurs, le vin et le miel y sont en abondance. Une fois » là, tu ne craindras ni la mort, ni la décrépitude ; tu vivras » dans les fêtes, les jeux et les festins, tu auras de l'argent, » de l'or, beaucoup de joyaux, cent épées, etc. » Ossian suivit l'enchanteresse, guidé par elle, comme Fernand Cortez par la séduisante Marina ; il vécut sur cette terre *trois cents ans* et, lassé de son bonheur, revint en Irlande encore jeune et dispos. A peine rentré dans sa patrie, tout à coup, à la suite d'une chute de cheval, il se retrouva vieux, caduc et aveugle. — Au temps de Christophe Colomb, la légende de cette fontaine de Jouvence ne s'était pas perdue ; Jean de Solis, l'historien des découvertes de Jean Ponce de Léon, compagnon de Colomb, dit qu'en abordant en Floride, il y cherchait une fontaine dont les eaux avaient la propriété de donner une éternelle jeunesse. Il n'y trouva que la mort ; blessé dans un combat, Ponce de Léon revint mourir à Porto-Rico.

Les souvenirs vagues de voyages vers l'Ouest, de terres et d'îles merveilleuses, se retrouvent constamment dans les légendes de la *Verte Erin*. Maelduin, à la recherche des assassins de son père Allil Corar Ago, visite des îles où il voit « des fourmis grosses comme des poulains » — « des géants qui prennent pour coursiers les vagues de la mer » — des pommiers

rendre la jeunesse. Cette idée se trouve fréquemment mise à profit dans les romans de chevalerie ; on l'a popularisée sous le nom de *fontaine de Jouvence*, désignation relativement moderne qui vient du mot latin *Juventus* (Jeunesse) et ne répond pas, ainsi qu'on le suppose généralement, à une désignation de localité, qui reste toujours mystérieuse et énigmatique ; dans le roman de *Huon de Bordeaux* par exemple, on dit « qu'elle se trouve dans le désert et vient du Nil et du paradis terrestre ».

qui portent des pommes assez grosses pour nourrir et abreuver un voyageur pendant quarante jours » — « l'île des moutons noirs et des moutons blancs, qui changent de couleur en changeant de troupeau » — etc. — et encore une fois, dans une île où vivent des moines qui, comme Saint-Brandon, avaient fait le pèlerinage de la mer et conservaient comme relique une valise que lui avait appartenu, « un lac dont les eaux ont la propriété de rajeunir ».

Honorius d'Antun, contemporain de Sigebert de Gembloux (1120), raconte : « Qu'il y a dans l'Océan une certaine île » agréable et fertile par dessus toutes les autres, inconnue » aux hommes, découverte par quelque hasard, puis recherchée » sans qu'on pût la retrouver et en conséquence nommée *île* » *Perdue* ».

La croyance à l'existence de ces îles mystérieuses, nommées tantôt *île de St.-Brandon*, tantôt *île Brazil* ou *O'Brasil*, devint bientôt générale et s'explique aisément. Il arriva que des navigateurs entraînés par la tempête sur l'Océan, allèrent s'échouer sur l'une des îles Atlantiques dont l'existence nous est aujourd'hui bien connue ; alors qu'ils échappaient au naufrage, il leur devenait facile, en se guidant par la marche du soleil, de regagner les côtes à peu près illimitées de l'Europe ou de l'Afrique en naviguant à l'Est. Mais si, après avoir fait, avec l'exagération propre au voyageur, un récit enthousiaste des merveilles de leur découverte, ils essayaient d'y retourner, l'imperfection des procédés de navigation leur faisait le plus ordinairement manquer leur but, d'étendue restreinte. Il fallait un hasard heureux pour l'atteindre de nouveau ; même avec les moyens plus parfaits de la boussole, ils étaient entraînés à la dérive, comme la balle du fusil dévie par l'action du vent, et la crédulité du marin n'hésitait pas à faire remonter la cause de son insuccès à des influences surnaturelles, à des enchantements, à une puissance infernale.

Sur toutes les cartes anciennes, les cosmographes, inspirés par des récits plus ou moins authentiques, multiplient les

indications d'îles qui garnissent en quelque sorte les vides. On
constate par exemple deux îles Brazil sur la carte de Charles
V, dite *carte Catalane* de 1375, et la carte de Pizzigani de
1367 en mentionne jusqu'à trois.

Sur la carte de Pizzigani de 1367, le groupe de Madère
est intitulé : *Iles Fortunées de St.-Brandon*. Sur le globe de
Martin Behaïm, l'*île de St.-Brandon* est reportée plus à l'Occident
sur l'équateur, avec la légende suivante : « L'an 565 de la nais-
» sance du Christ, Saint-Brandon arriva avec son navire dans
» cette île où il vit beaucoup de choses merveilleuses et après
» sept ans écoulés, il s'en retourna dans son pays ». Dans
la suite on transporta l'île St.-Brandon à l'ouest de l'Irlande,
où Ortelius la représente sur sa mappemonde, par 55° de lat.
N. et 5° de larg. O. de l'île de Fer. On comprendra que les
géographes modernes l'aient effacée.

La même mappemonde d'Ortelius indique une *île Brasil*
(ou *Brazil*) par 50° de lat. N. et 8° de long. E. de l'île de
Fer, qui depuis, a également disparu des cartes.

Dans l'histoire de son père, Ferdinand Colomb parle d'une
île fantastique qu'il nomme *Antilia*. Martin Behaïm en fait
mention en ces termes : « Quand on se reporte vers l'année
» 734 après la naissance du Christ, alors que toute l'Europe
» fut envahie par les mécréants d'Afrique (au temps du roi
» Roderic) l'*île Antilia* nommée *Sette Cilade* (les sept cités)
» fut peuplée par un archevêque de Porto en Portugal, avec
» six autres évêques et d'autres chrétiens hommes et femmes,
» lesquels s'étant enfuis d'Europe sur des vaisseaux, y vinrent
» avec leurs bestiaux et leur fortune. C'est par hasard qu'en
» l'année 1414 un navire d'Espagne s'en approcha de très
» près. » — La relation de Ferdinand Colomb ajoute : « Les
» évêques, afin que les leurs ne pensassent plus à retourner
» en Espagne, brûlèrent les navires ainsi que tous les cor-
» dages et autres objets propres à la navigation. Or certain
» Portugais, discourant sur cette île, affirmait que beaucoup
» de ses compatriotes y étaient allés mais *n'avaient jamais*

» *pu en revenir.* » D'après le récit du fils de Colomb, l'équipage d'un des navires qui avait abordé à Antilia ayant été conduit à l'église pour s'assurer qu'il était chrétien, y ramassa du sable pour sa cuisine et constata qu'un tiers était de *l'or pur.* C'est évidemment une réminiscence du voyage dans l'île des Saints de la légende de St.-Brandon. L'île d'*Antilia,* ou des *Sette Citade,* est représentée sur le globe de Martin Behaïm, sur l'équateur à 45° de long. O. de Lisbonne. Elle joue un grand rôle dans l'histoire de la découverte de l'Amérique et Colomb crut y avoir abordé, en touchant à Hispaniola ; elle donna son nom au golfe des Antilles. Ortelius la représente encore sur 30° de lat. N. et 30° de long. O. de l'île de Fer. Est-il nécessaire de dire que, comme l'île de St.-Brandon, elle a été effacée de nos cartes.

Christophe Colomb lui-même parle d'*îles Capricieuses* ou enchantées qui, tantôt se dérobent malicieusement aux navigateurs, tantôt se laissent entrevoir, mais que l'on cherche vainement à aborder. Cette croyance était telle, qu'un jour deux habitants des Canaries ayant signalé à l'horizon une de ces fugitives, le fait parut si peu contestable, que, malgré des efforts restés infructueux pour l'aborder, un acte solennel, le traité de cession à l'Espagne des droits du roi Manoël de Portugal sur les îles Canaries, du 4 juin 1519, stipule le plus gravement du monde, que l'abandon comprend l'*île Cachée* ou *Non trouvée,* ainsi qu'on désignait l'île fugace, souvent nommée également, par extension, *île de Saint-Brandon.*

La crainte des démons et des enchantements faisait fuir d'épouvante les marins les plus intrépides, au moindre incident anormal observé en pleine mer. En 1431 le Vénitien Piero Quirini, qui s'était détourné de sa route vers l'Ouest pour échapper aux Génois en guerre avec son pays, parlant des abords des Canaries, dit qu'il y trouva des « lieux inconnus et effrayants » ; la même année le Portugais Velho Cabral, apercevant le bouillonnement de l'eau autour des rochers des *Formigas* aux Açores, le compare au « bouillonnement de la chaudière de l'Enfer, » et recule saisi d'effroi. En 1444 encore, lors de la découverte de l'île de San Miguel des Açores, le même Velho Cabral, voyant dans l'île une éruption volcanique, ne doute pas avoir abordé dans la terrible *île des Sept Cités* ; le cratère de ce volcan est encore désigné aujourd'hui, par les habitants de l'île, sous le nom de *Lac* ou *Chaudière des Sept Villes (Caldeira das Sette Citades)*.

Sur la carte de Pizzigani de 1367, l'*île Antilia* n'est pas isolée ; elle forme groupe avec trois autres sous le nom commun d'*îles nouvellement découvertes*. A l'ouest d'Antillia se trouve la petite île *Royllo* ; au nord l'île de *Tanmar* ; enfin une quatrième île, qui porte un nom à peu près effacé, lu de manières variées : *Sarastagio, Sarovagio, De le man Satanaria*. André Bianco, dans sa carte de 1436, traduisit ce dernier nom par *La main de Satan*, et de cette interprétation est sortie la croyance bizarre qu'en ce point une main gigantesque émergeait des flots pour saisir les navires et les entraîner dans l'abîme. Selon toute probabilité, ce qu'il fallait lire pour cette quatrième île était *San Atanaxio* (St.-Athanase), et Bianco, quelque bon chrétien qu'il fût, avait transformé le glorieux saint en prince des ténèbres.

Le baron How de Rozemitale et Batna, beau-frère du roi Georges III de Bohême, rapporte, dans un récit daté de 1465, la légende d'un voyage exécuté par ordre du roi de Portugal dans les mers d'Occident, mer ténébreuse des Arabes, qui semble à la fois une réminiscence du voyage des Maghrourins et un souvenir du tourbillon nommé le *Maelström*, situé sur les côtes de Norwège, dans l'archipel de Lofoden, près de l'île de Moskenoe, où souvent la surface de la mer prend la forme d'un cône creux qui menace d'engloutir les navires. L'expédition se composait de trois navires chargés de provisions ; les marins avaient mission de parcourir les mers pendant douze ans et de rapporter la description de ce qu'ils verraient et découvriraient en route. Ils arrivèrent dans une *région ténébreuse* et, après deux semaines de navigation, abordèrent dans une île renfermant des grottes souterraines remplies d'or et d'argent que nul humain ne paraissait habiter. Après y avoir passé trois heures, ils rejoignirent leurs navires pour se concerter sur le parti à prendre en présence de cette magnifique découverte. Aussitôt la mer se mit à rouler des vagues furieuses. Néanmoins les équipages de deux navires se dévouèrent pour aller recueillir le trésor, tandis que le troisième demeurait pour leur porter secours au besoin. Ce dernier attendit en vain et dut se résigner à reprendre la route du Portugal et à y porter la nouvelle du désastre. A l'arrivée de ce navire, nul ne reconnut ceux qui le montaient, tant ils étaient « blancs et chargés des frimas de l'hiver. »

Il est extrêmement curieux de constater avec quelle ténacité persiste la croyance aux îles fugitives, qui peu à peu se désignent sous le nom générique de *St.-Brandon*. Aux Canaries l'île fugace mentionnée dans le traité de 1519 se laissa voir si nettement en 1576, que Pedro de Grado, premier juge de l'Audience royale des Canaries, ordonna une enquête à son sujet ; plus de cent témoins affirmèrent l'avoir vue à environ 40 lieues de l'île Gomère, sous le vent de Palma, sans que personne ait pu l'aborder. D'autres témoins, en apparence véridiques, fournissent des versions plus affirmatives ; à Palma le pilote Pero Velho prétend l'avoir accostée, y avoir trouvé l'empreinte d'un pied humain double de la grandeur commune (réminiscence du géant *Mildus)*, les restes d'un feu entouré de trois pierres pour cuire des mollusques, dont les coquillages se trouvaient autour, et une croix de bois, attachée à un arbre par un clou, dont la tête était grosse comme une pièce d'un réal ; à l'approche de la nuit, disait-il, il s'était rembarqué si précipitamment qu'il abandonna deux hommes envoyés en exploration dans l'île et ne put les retrouver le lendemain, l'île étant disparue. Marco Verde de Ténérife affirma également l'avoir abordée, en revenant de Barbarie, mais s'étant rembarqué à cause de la nuit, il fut assailli par un vent furieux, obligé de fuir et la perdit de vue. Une flottille commandée par

Fernando Villalobos, gouverneur de Palma, sortit par aller à sa recherche, sans succès. Les témoignages de l'existence de cette île ne cessent de se reproduire, et en 1604 une expédition commandée par le pilote expérimenté Gaspar Perez de Acosta, accompagné du franciscain Lorenzo Pissedo, alla vainement encore à sa découverte. Un aventurier français, Abreu Galindo, prétendit que, assailli par la tempête et ayant perdu un mât, il y avait abordé, avait abattu un arbre pour réparer sa mâture, mais que le gros temps étant survenu, il avait regagné son navire et perdu l'île sans pouvoir emporter son arbre. Le colonel Roberto de Rivas plus tard encore, pensa y avoir touché croyant être à Ténérife et en réalité se retrouva le lendemain à Palma. Des fruits, des branches d'arbres fraîchement arrachés ayant été amenés par la mer à Palma et à l'île de Fer, le capitaine-général, don Juan Mur de Aquerra ordonna de nouveau, en 1721 une expédition de découverte qui ne trouva rien.

A diverses époques on avait exécuté des dessins de cette apparence d'île, qui offraient une grande analogie avec l'île de Palma. « Là », dit M. d'Avezac, « est le mot de l'énigme ; » l'apparition de Saint-Brandon n'est autre chose que le phéno- » mène expliqué par Monge à l'armée d'Égypte : c'est un » mirage, c'est la réflexion de l'île de Palma elle-même, par » des nuages spéculaires amoncelés dans le N.-O., c'est la fée » Morgane qui se joue de la crédulité des Canariens. »

Ces légendes n'ont pas complètement disparu de nos jours ! Aux heures de loisir nos matelots, en attendant le moment du quart, se racontent encore l'histoire du *Grand Serpent* de mer, que personne n'a vu, et dont tous les marins ont ouï parler. Mais du moins de notre temps, ces légendes populaires ont cessé d'être une entrave aux expéditions lointaines, aux entreprises hardies, comme elles le furent au moyen âge.

CHAPITRE IV.

La géographie positive de la mer ténébreuse, au XVᵉ siècle.

Après les faits légendaires, résumons, d'une manière aussi précise que possible, l'ensemble des connaissances géographiques acquises sur l'Afrique occidentale, au commencement du XVᵉ siècle, c'est-à-dire au début des grands travaux de découverte accomplis par les Portugais.

Le célèbre historien portugais Jean Barros, ancien précepteur du roi de Portugal Jean III, puis gouverneur de Saint-Georges d'Elmina sur la côte de Guinée et trésorier des Indes, qui dans ces postes élevés avait acquis une connaissance étendue des affaires d'Afrique, affirme dans son *Histoire des Indes portugaises (Azia Portugueza)*, publiée en 1552, que les voyages les plus lointains, entrepris par les Portugais sur les côtes d'Afrique en 1415, ne dépassaient pas le *cap Non* (29° 15' lat. N) et le *cap Noûn* (28° 47' de lat. N.)

Ce serait cependant une erreur grave de croire qu'avant cette époque aucun navigateur européen n'ait poussé ses recherches au delà. Le nom de *Canaria* adopté par Juba le Jeune et après lui par Claude Ptolémée pour désigner l'une des îles de l'Atlantique et conservé encore de nos jours à l'une des îles de l'*Archipel des Canaries* (Las Canarias), indique d'une manière évidente une tradition non interrompue depuis l'antiquité. Il est avéré que beaucoup de navigateurs européens, pirates ou marchands, avaient, dès 1415, dépassé les limites indiquées par Barros et visité les îles et les côtes d'Afrique, bien connues des Arabes, qu'ils avaient acquis un ensemble de connaissances géographiques, mises à profit plus tard par les Portugais. Nous rappellerons comme preuve le fait rapporté par El-Edrisi en 1138 du voyage exécuté d'après les ordres d'un monarque franc, pour aller chercher le fruit réputé antidote des poisons, dans les îles des *Moutons* et des *Oiseaux,* identifiées non sans raison, avec les îles de Madeira et de Porto-Santo.

L'histoire de ces voyages anciens, des découvertes accomplies par ces hardis navigateurs, est demeurée très obscure et peut être difficilement reconstituée dans son ensemble, puisque le plus ordinairement le but et le résultat de ces voyages restaient secrets. Cependant des renseignements retrouvés dans les papiers et les archives du temps nous fournissent la confirmation de voyages assez nombreux accomplis dans ces parages, sinon même d'une navigation régulière.

L'Histoire de la conquête des Canaries par Jean de Bethencourt, écrite par son chapelain, nous apprend qu'en abordant en 1402 dans une des îles Canaries, nommée par les indigènes *Tithe roygala* (et qu'il désigne sous le nom d'*île Lancerole,*) Bethencourt y trouva « ung vieil chastel que » Lancelot Maloesel avait jadis fait faire, celon ce que l'on dit ». D'autre part les papiers de l'illustre Pétrarque, né en 1304, indiquent que « tout un âge d'homme avant lui », c'est-à-dire approximativement vers 1275, une flotte génoise se rendit en effet aux Canaries ; elle était commandée par Lancelot Maloysel, descendant d'une famille d'origine française fixée à Gênes, dont le nom s'était modifié en *Malocello, Maloxelo, Marucelli, Maroxelo,* et même *Malus-auscellus.* Les vestiges de l'établissement retrouvés par Bethencourt dans l'île de *Lanzarote* (nom francisé en *Lancerole* ou plus exactement *Lancelote)* démontrent une véritable prise de possession de l'île, et permettent de croire que dès cette époque une navigation régulière s'établit entre Gênes et Lanzerote pour ravitailler l'établissement génois et commercer entre Gênes et les Canaries.

D'autres traces de navigation des Italiens vers ces parages ont encore été suivies. D'après Cecco d'Ascoli, en 1285, les Génois Théodisio Doria et les deux frères Hugolin et Guy de Vivaldo armèrent à Gênes deux galères destinées *à la recherche d'un passage vers l'Inde*, en cinglant autour de l'Afrique. Dans leur équipage se trouvaient deux franciscains chargés d'évangéliser les indigènes des régions que les navigateurs se proposaient de visiter. On ignore le sort subi par ces navires, dont on n'entendit plus parler ; suivant les uns, ils se perdirent sur la côte d'Afrique, suivant d'autres, l'un des navires toucha des récifs sur la côte du Maroc et dut rebrousser chemin, tandis que l'autre poussa jusqu'à l'embouchure du fleuve du Sénégal (16° de lat. N.) où il se perdit. Le Génois Antonio Usidomare, qui visita ces parages en 1455, affirme dans une lettre y avoir rencontré un individu parlant italien et prétendant descendre d'un des compagnons des frères Vivaldo.

Des informations sur ces voyages des Italiens parvinrent en Portugal par des marins appelés au service du roi Denis. Son fils, le roi Alphonse IV, apprit à son tour l'existence des îles Canaries de la même source et résolut d'y faire une expédition de reconnaissance, afin d'en prendre possession. Elle fut dirigée par le Génois Nicoloso de Recco et le Florentin Angelino del Tegghio dei Corbizi. Des indications sur cette expédition, demeurée secrète comme toutes celles du même genre à cette époque, ont été retrouvées dans une lettre appartenant aux papiers du célèbre écrivain italien Jean Boccace. Il en ressort que les explorateurs, partis de Lisbonne en 1341, visitèrent plusieurs îles et en ramenèrent quatre indigènes, en même temps qu'ils rapportaient des échantillons de diverses productions du pays. La guerre que soutenait alors Alphonse IV contre les Maures d'Afrique fut cause sans doute qu'aucune suite n'y fut donnée alors.

A cette même époque vivait en France Louis de Cerda,

comte de Clermont, amiral de France, arrière-petit-fils de Saint-Louis et fils d'Alphonse d'Espagne dit *le Déshérité*, dépossédé du trône de Castille par son oncle Sanche IV. Louis de Cerda connut l'existence des Canaries par un Français Abreu Galindo, qu'on suppose y avoir abordé de 1326 à 1334 ; il sollicita du pape Clément VI la concession de souveraineté de cet Archipel, afin de conserver dans les cours de l'Europe le rang royal qu'avait occupé son père. Cette concession lui fut accordée par bulle papale du 15 novembre 1344, avec le titre de *prince de la Fortunie*. Indépendamment des îles de l'Archipel, la principauté concédée à Louis de Cerda comprenait l'île méditerranéenne de *Goleta*, (aujourd'hui *La Galile*) située sur la côte septentrionale d'Afrique, entre la Sardaigne et Tunis, rocher sans grande importance, alors au pouvoir des Maures, mais couronné d'un château et possédant un assez bon port ; cette possession assurait au prince souverain de la Fortunie une résidence aux portes de l'Europe, voisine de l'Italie, et en faisait un souverain quasi-européen. Ce fait caractérise bien l'idée politique de la concession faite par le Saint-Siège, engagé dans les démêlés de la succession au trône de Castille.

L'énumération des îles composant la principauté de la Fortunie, qui se trouve dans la bulle, prouve combien à cette époque déjà la connaissance des îles Canaries s'était développée. En effet, aux six îles indiquées antérieurement par Ptolémée : *Canaria* (Gran-Canaria), *Ninguaria* (Ténérife), *Pluviala* (Lanzarote), *Capraria* (Fuerteventura), *Junonia* (Graciosa), *Embronea* (probablement l'*Aprositos* de Ptolémée ou Alegranza), la bulle en ajoute quatre autres : *Athlantua* (Hierro ?), *Hespérides* (Palma ?), *Cernent* (Gomera ?), et *Gorgonnes* (probablement les îles *Salvages*, généralement comprises aujourd'hui dans l'Archipel de Madère ?)

La possession des Canaries était convoitée par divers souverains européens et le pape, afin de consolider sa nouvelle création, aussitôt après avoir couronné solennellement Louis de Cerda à Avignon en 1344, s'empressa de donner avis de son élévation au trône aux rois de France, d'Aragon, de Castille, de Portugal, au dauphin du Viennois et au doge de Venise. Le roi de Castille protesta contre la décision papale en invoquant son titre de chef de famille, que Louis de Cerda eût dû consulter avant d'accepter une couronne. Le roi de Portugal fit de même, s'appuyant sur la prise de possession des îles que Nicoloso di Recco venait de déclarer en son nom. Malgré cette opposition, Louis de Cerda réussit à équiper une petite flotte avec le concours du roi d'Aragon, toujours disposé à marquer son hostilité au roi de Castille, et débarqua dans l'île de Gomera en 1347 avec 120 hommes. Cette expédition, organisée d'une manière très bruyante, mais aussi très imparfaitement, échoua misérablement. Le prince de la Fortunie, repoussé avec énergie par les indigènes, perdit la plupart de ses compagnons tués ou blessés, et forcé de se rembarquer, il rentra en Europe sans avoir pu conquérir la couronne, objet de son ambition.

Au moment même où Portugais et Espagnols cherchaient à s'emparer des Canaries, un hasard singulier, une aventure romanesque conduisait à Madeira un gentilhomme anglais nommé Robert O'Machin. Cet Anglais s'était épris à la cour d'Édouard III d'Angleterre, d'une jeune fille appartenant à la plus haute aristocratie, Anna d'Arfet, qui consentit à le suivre en France. Les amants s'embarquèrent à Bristol en 1344, et aussitôt en mer O'Machin ordonna de mettre toutes voiles dehors, afin d'échapper à la poursuite qu'il prévoyait. Une tempête furieuse les saisit dans cette course folle ; le navire fut entraîné en pleine mer et après treize jours d'horreur, alla se briser sur les côtes de l'île de Madeira, où Anne d'Arfet mourut à la suite des angoisses et des souffrances qu'elle avait endurées. Des versions très diverses ont été données de cette aventure par les romanciers. Suivant les uns O'Machin, après avoir vu périr sa maîtresse, mourut de douleur et fut enterré près d'elle, à l'endroit encore nommé *Machico*, qui semble rappeler son souvenir. Suivant d'autres, l'Anglais et quelques-uns de ses compagnons s'embarquèrent dans un canot et réussirent à gagner la côte d'Afrique où, pris par les Maures, ils furent réduits à l'esclavage. O'Machin aurait eu pour compagnon de chaîne le pilote Jean Moralès de Séville, et lui aurait donné connaissance de l'île où le hasard l'avait entraîné ; mourut-il en esclavage, ou fut-il échangé avec Moralès contre des prisonniers maures et ramené en Espagne ? Nul ne le sait. Mais il paraît certain que la connaissance de Madeira, acquise par Moralès, contribua, ainsi que nous le dirons plus loin, à la découverte de cette île par les Portugais. L'aventure de O'Machin ressemble trop, dans sa période finale, à celle des Maghrourins pour être acceptée sans réserve. « Une île aussi charmante que Madeira », a dit un poète, « n'a pu être découverte que par l'amour ». La seule chose à retenir de l'histoire de Robert O'Machin et d'Anna d'Arfet, nous paraît être la découverte de Madeira, par l'abordage d'un navire entraîné par la tempête.

Quelque limités que soient ces faits historiques, ils suffisent cependant pour expliquer l'origine de toute une série de documents longtemps demeurés ignorés dans les bibliothèques (ou conservés secrets) et récemment remis au jour, qui prouvent une connaissance beaucoup plus étendue des régions de l'Afrique qu'on ne la supposait généralement, et que ne l'indiquait Jean Barros.

En 1827, le comte Bandelli Boni a publié à Florence une édition des mémoires de Marco-Polo, dans laquelle il reproduit un *portulan* appartenant à la bibliothèque de Florence, généralement connu sous le nom de *portulan Laurentien, Médicéen* ou de la *Medicea-Laurenziana*, sur lequel sont indiquées avec beaucoup de précision, non seulement les *Canaries* et *Madère*, mais déjà les *Açores*. L'examen de ce document prouve évidemment qu'il est d'origine génoise ; les armes de Gênes dessinées sur l'île *Lanzarote*, l'établissement génois de Lancelot Maloysel, suffiraient à le démontrer. Le comte Bandelli suppose que ce document manuscrit avait appartenu à quelque armateur génois, avant de passer dans la bibliothèque du duc de Toscane et d'après diverses considérations, lui attribue la date de 1351. — L'*Archipel des* Açores s'y trouve représenté ; ses îles y figurent avec une précision de position relative et d'orientation remarquable. *Santa-Maria (Sainte-Marie)* et *San-Miguel (Saint-Michel)* ont la désignation commune d'*Insula Cabrera*, provenant sans doute des nombreux troupeaux de chèvres que les premiers explorateurs y rencontrèrent ; *San-Jorge (Saint-Georges)*, *Fayal* et *Pico*, celle d'*Insula de Ventura sive de Colombis* à cause de leurs forêts de hêtres et des pigeons sauvages. Les îles *Corvo* et *Flores* portent le nom d'*Insula de Corvis marinis*, qui rappelle les essaims de corbeaux qu'on y trouva, souvenir encore conservé par le nom moderne de *Corvo*. Enfin l'*île Terceira* (c'est-à-dire *Troisième*, dont le nom est traduit en français par *Tercère)* s'y retrouve sous la désignation d'*Insula de Brazi*. L'île *Graciosa* ne paraît pas être connue de l'auteur de la carte. — *L'Archipel de* Madère est représenté par *Insula de la ligname*, c'est-à-dire « île de la haute futaie, » que les Portugais ont rigoureusement traduit dans leur langue par *Ilho de Madeira* (en français *Madère*). A côté se voit *Porto-Santo* qui conserve encore son nom, et les *Insula deserte (Las desertas)*, mais les *Insula Salvages (Iles Sauvages)*, n'apparaissent pas encore. — *L'Archipel des* Canaries, nécessairement mieux connu des Génois, y est représenté avec une précision plus grande encore. L'*Insula Lanzarote (Lancerote* ou *Lancelote)* chargée des armes de Gènes, y occupe la place principale. Tout à côté on voit figurer déjà avec les noms modernes, les îles *Alegranza*, *Fuerteventura* (traduit plus tard en français par *Fortaventure)* et même *Canaria (Gran-Canaria* ou *Grande-Canarie)* emprunté à l'antiquité. *Insula de liparme* rappelle l'île *Palma* moderne et n'est probablement qu'une version ancienne de l'expression *île des Palmes (Benehoare* dans le langage des indigènes). *Insula de l'inferno* est une réminiscence de l'*île des Cyclopes* (légende de Saint-Brandon) et du volcan de la moderne *Ténérife* (en

Fragment
du Portulan Laurentien de 1351.

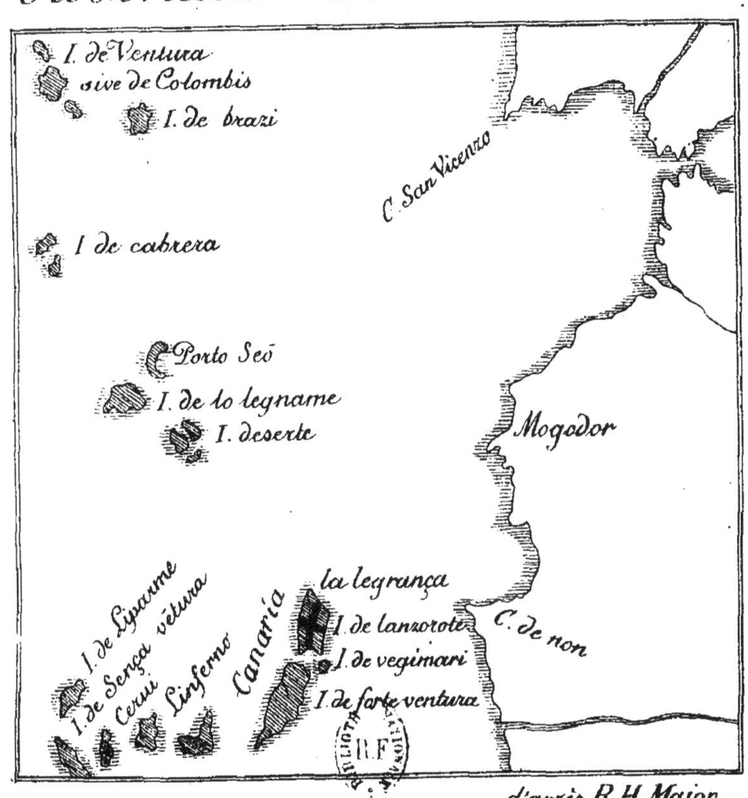

d'après R.H. Major.

français *Ténériffe)*, que les indigènes nommaient *Chénerfé* ou *Tchinérifé (Montagne Blanche)*. *Insula Cerui* n'est qu'une version variée de *île Cernant* de la bulle papale de 1344 et répond au nom plus moderne de *Gomera (Gomère)* comme *Insula senza Ventura* à celui de *Hierro (Ferro* ou *île de Fer*, ou encore suivant les indigènes *Escro)* et l'*Insula de Végimari* est actuellement l'*île Lobos*.

Dans les portulans qui se succèdent on conçoit que les noms empruntés tantôt à de vagues traditions des voyages antérieurs ou à l'antiquité, tantôt à l'observation de faits naturels, tantôt même indiqués par l'époque où l'on y aborda, ou par le nom de la fête patronale du jour, varient indéfiniment et donnent lieu à des interprétations diverses. C'est ainsi que l'expression *île de Cabrera* du portulan de 1351, ou *île des Chèvres*, n'est peut-être qu'une autre lecture du nom de l'*île Capreria* du roi Juba, qui se transforme quelquefois encore en *Chaprera* ou *Chapesa*. Sur certains portulans, l'île désignée sous le nom patronymique de *Santa-Maria*, prend celui de île *Uovo, Ovo*, ou *Obo (de l'Œuf)* à cause de sa forme ronde, tandis que pour d'autres, on constate le fait contraire : l'*île Tercire* ou *Brazil* (que quelques-uns croient être *Antilia)* prend souvent le nom de *Jesus* ou *Bon Jesus*, parce qu'elle fut abordée à la Noël, et *Corvo* celui de *San-Marco,* qui désigne aussi la légendaire statue équestre prétendument trouvée à cet endroit.

En 1804 Walckenaer retrouva dans les archives du Louvre à Paris, une ancienne carte qui, à la demande du roi de France Charles V, avait été exécutée en Catalogne en 1375 et servait d'ornement à l'une des salles de son palais. Cette carte, connue sous le nom de carte *Catalane* et reproduite par Buchon et Tastu, nous fournit sur la côte d'Afrique des éclaircissements plus complets que le portulan de 1351 ; ce fait s'explique par la guerre qui mettait fréquemment les Espagnols et les Catalans en relation avec les Maures ; c'est ainsi qu'elle mentionne un voyage du pilote majorquin Jacques Ferer, en

1346), prolongé sur la côte par le *cap Non,* le *cap Saubrun* (de *Sabro,* sable, dont les Anglais ont fait cap Juby), le *cap Bugeder (cap Bojador,* 20°6' lat. N.) et qui s'étendit jusqu'au *cap Blanc* et au *Fleuve d'or* (20°46' lat. N.), bien au delà de la limite indiquée par Jean Barros. Pour les îles, les indications sont évidemment empruntées, avec quelques variantes, au portulan de 1351. — L'*Archipel des* AÇORES, plus fréquemment visité par les Catalans que par les Italiens, est indiqué d'une manière plus complète. Un Grec établi à Cadix y fut entraîné en 1370 par la tempête et en rapporta, dit-on, de précieux renseignements. L'île de *Corvo* conserve le nom de *Corvis marinis* (souvent défiguré sur d'autres portulans, en *Corbo marinos*), mais l'île *Flores* s'en détache sous le nom de *Li Conigi,* sans doute à cause de l'abondance des lapins (nom changé en *Coriios*). L'île de *Fayal,* couverte de hêtraies, conserve son nom de *La Ventura* (quelquefois traduit en *Bentufla,* comme pour exciter la sagacité des étymologistes) et l'île de *Pico,* celui de *Li Colombi,* mais *San-Jorge (Saint-Georges)* apparaît déjà avec son nom moderne *(San-Zorzo* ou *Sancto-Zorzi).* L'île *Terceira* conserve le nom d'*île Brazil.* En comparant le dessin de l'Archipel à celui des cartes modernes, un défaut d'orientation y apparaît évident ; la direction Nord est vers l'Est. — L'*Archipel de* MADÈRE conserve les désignations du portulan de 1351. mais on voit surgir les *îles Salvagos* (îles *Sauvages).* — L'*Archipel des* CANARIES se retrouve avec quelques modifications dans les noms : l'île *Lanzarote* devient l'île *Lancelote Maloxelo.* On commence à voir les indications modernes de *Ilho Gomera (Gomère) Ilho fero (Hierro)* et l'île *de l'Inferno* prend par corruption ou mauvaise lecture, le nom de *ilho Lanserano.*

C'est principalement vers les Canaries que le courant entraîne les navigateurs. Parmi les naufragés qui vinrent y échouer, le Biscaïen Martin Ruiz d'Avendaño trouva dans la population de Lancelote l'hospitalité la plus généreuse, en 1377. — Francesco Lopez fit naufrage en 1382, à la Grande-Canarie et

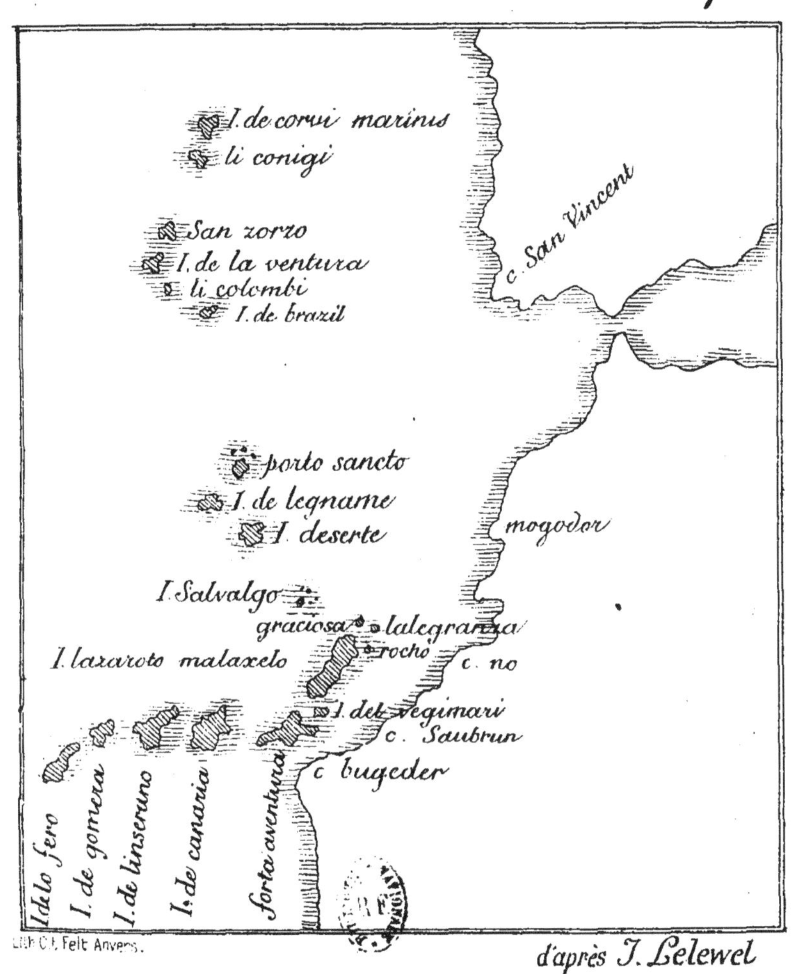

Fragment
de la carte Catalane de 1375

d'après J. Lelewel

treize hommes de son équipage, après y avoir vécu en paix
pendant treize années, furent massacrés par les indigènes ;
Bethencourt retrouva les traces de leur séjour dans cette île. —
En 1386 Fernand d'Ormel, comte d'Urena, aborda également à
Gomère.

Les informations sur l'existence des îles Canaries s'étant
multipliées, Henri III de Castille équipa en 1390 une expédition
dont il confia le commandement à Gonzalve Peraza Martel
d'Almonaster, avec mission de s'en emparer. L'expédition rencontra de la résistance chez les indigènes et se borna à piller
les îles ; elle en ramena esclaves un chef, sa femme et environ
170 hommes et femmes indigènes. On prétendit que Peraza,
effrayé par le volcan de Ténériffe, n'osa aborder dans l'île
et la nomma *île de l'Enfer*, mais l'indication du *portulan*
de 1531 prouve que cette dénomination était antérieure.

La doctrine du *secret commercial* pesa lourdement sur les
progrès de la géographie du moyen âge. Malgré l'extension
des connaissances acquises par les navigateurs, le soin avec
lequel on s'efforçait de conserver secrètes toutes les découvertes contribuait à les rejeter aussitôt dans l'oubli. Venise,
à l'imitation de Carthage, punissait de mort la divulgation
d'une découverte faite par un Vénitien et en France le secret
n'était pas moins bien observé.

C'est à cette circonstance que la France dut d'ignorer pendant
des siècles les magnifiques découvertes faites en Guinée par
ses nationaux ; elles ne lui furent révélées qu'en 1620 par un
Allemand qui retrouva les traces des Français sur la côte de
Guinée. Vers 1394 une expédition partit de Dieppe et, cinglant
au Sud, dépassa les Canaries, toucha au cap Vert, alla mouiller
dans la *baie de France*, puis gagna *Sierra-Leone*, dépassa
le *cap Monte* et fonda enfin sur la côte de Guinée un établissement qui reçut le nom de *Petit-Dieppe*. Chaque année des
navires partaient secrètement de Dieppe, pour aller chercher
de la poudre d'or, du poivre et d'autres produits coloniaux,
on ne savait où. Leurs armateurs se gardaient de faire con-

naître le but vers lequel on les dirigeait. Ce fut l'origine d'un commerce très prospère qui continua jusqu'en 1410, lorsque la guerre contre les Anglais y mit un terme. Le souvenir de cette découverte française se perdit complètement. En 1617 le chirurgien allemand Samuel Braun, qui séjourna sur la côte de Guinée au fort Nassau, apprit par les indigènes le séjour que les Français y avaient fait autrefois et visita les ruines d'un de leurs établissements. Les capitaines de vaisseaux français d'Elbée et Villault de Bellefonds les virent également en 1669. Ils retrouvèrent le nom de plusieurs villes de France et des noms français donnés à diverses localités de la côte, tels que Petit et Grand Dieppe, Petit et Grand Paris, Petit et Grand Butteau. Les archives de Dieppe ayant été brûlées, en 1694, on n'a pu que très imparfaitement reconstituer l'histoire de cette belle découverte géographique, qui semble avoir inspiré les aventures célèbres d'un autre Normand, Jean de Bethencourt.

En 1402, deux aventuriers de grande maison, le chevalier Jean de Bethencourt, baron de Saint-Martin-le-Gaillard en Normandie, et Gadifer de la Salle, d'origine gasconne, qui avaient, paraît-il, quelque peu exercé le métier de corsaires au dépens des Anglais, s'associèrent pour tenter une expédition aux îles dont l'existence était vaguement signalée par les marins. Ils recrutèrent à la Rochelle un équipage, complété ensuite à la Corogne et à Cadix, et prirent la direction des Canaries. Abordant à l'île *Graziosa*, puis débarquant à l'île de *Lancelote*, où il retrouva les restes du fort de Maloxelo, Bethencourt, afin d'en prendre possession, fit construire un fort nommé par lui *Rubicon,* qui devait servir de base d'opération pour la conquête de ces îles. Vainement il tenta de s'emparer de *Fortaventure*, que les indigènes désignaient, dit-il, sous le nom d'*Erbanie* (¹) ; les populations s'enfuirent à l'approche des marins et les aventuriers comprirent que pour achever leur

____

(1) Le nom indigène était *Makhorata.* Celui d'*Erbanie* lui fut donné sans doute dans la suite, par les Européens. — La traduction française : *Forte-aventure* paraît dater du temps de Bethencourt.

conquête, ils devaient disposer de forces plus considérables. Tandis que La Salle demeurait à Lancelote, gardant la conquête commune, Bethencourt se rendit en Espagne pour recruter un corps expéditionnaire. Reçu à la cour, le roi de Castille Henri III lui conféra, sous réserve de vassalité, la souveraineté de la *Fortunie* que la couronne de Castille avait héritée de Louis de Cerda, et lui accorda un subside de 15,000 maravedis d'or avec le droit de battre monnaie. Bethencourt se hâta d'envoyer des secours à son lieutenant.

Pendant l'absence de Bethencourt, l'autorité de La Salle dans la colonie fut contestée par plusieurs de ses associés et notamment par des Espagnols qui abordèrent dans les îles. Il essaya vainement d'étendre ses conquêtes. Repoussé à *Fortaventure*, il se rendit à la *Grande-Canarie*, où régnait la même hostilité, la même défiance des indigènes excités par les souvenirs des excès commis par les survivants de l'expédition de Lopez, qui y avaient vécu pendant sept ans. Une opposition aussi énergique l'attendait à *Gomère*, et il ne réussit à prendre pied qu'à *l'île de Fer*.

A son retour, Bethencourt trouva la colonie dans un grand désordre ; La Salle lui-même lui réclama sa part de souveraineté. Bethencourt parvint à l'apaiser et, de concert, ils s'emparèrent de *Fortaventure*, où ils bâtirent le fort de *Rocheroque* pour assurer leur conquête. Après une nouvelle tentative sur la *Grande Canarie*, en 1404, les deux associés prirent la route de l'Espagne et soumirent leur ancien différend au roi de Castille. Celui-ci se prononça en faveur de Bethencourt, et Gadiffer de la Salle, découragé, rentra en France.

De son côté, Bethencourt se rendait en Normandie et en ramenait des hommes d'armes, des colons, ainsi que son neveu Mathieu de Bethencourt (Maciot), à l'aide lesquels il prit définitivement possession de *Fortaventure*, de *Palma* et de *l'île de Fer*. Durant ces expéditions il fut poussé par la tempête jusque sur la côte d'Afrique, qu'il visita du cap Non au cap Bojador.

En 1405 Jean de Bethencourt, laissant le gouvernement des Canaries à son neveu Mathieu, revint en Espagne ; il fut parfaitement accueilli à la Cour de Valladolid, puis se rendit à Rome avec des lettres de recommandation pour le pape, qui lui accorda la nomination d'un évêque des Canaries, fonction dont fut investi un de ses parents, Albert des Maisons, qui partit aussitôt pour son évêché. Bethencourt, reconnu par la France et bien reçu à la Cour, vint se reposer de ses fatigues dans son château de Saint-Martin-le-Gaillard.

Pendant la guerre contre les Anglais, ce château fut pillé, et Jean de Bethencourt, ruiné, chercha à rétablir sa fortune au moyen d'impôts levés sur les indigènes des Canaries, mais l'exécution de ses ordres par son neveu provoqua des révoltes et acheva complètement sa ruine. Réduit aux expédients, il autorisa son neveu à aliéner ses droits sur les îles, tout en en conservant la souveraineté. En 1418, ainsi que nous le verrons, Mathieu de Bethencourt vendit la Grande Canarie, qu'il avait vainement cherché à occuper, au prince Henri de Portugal. Jean de Bethencourt mourut pauvre en France en 1425.

CHAPITRE V.

La jeunesse du prince Henri.
Les Archipels de l'Océan.

Le roi de Portugal *Don Pedro* (Pierre) *le Cruel* ou *le Justicier* eut quatre fils : — *Don Fernando*, né de son mariage légitime avec Dona Constance de Penafield ; — *Don Joam* et *Don Diniz*, nés de ses amours avec la malheureuse Inez de Castro, assassinée par l'ordre du roi Alphonse IV, père de Don Pedro, qui ne déclara l'avoir épousée par un mariage secret que plusieurs années après sa mort, lorsqu'il fit exhumer sa dépouille pour la transférer dans la sépulture royale du monastère d'Alcobaça ; — circonstance qui a fait dire à Camoëns que « Inez ne fut reine qu'après sa mort. » — Enfin le bâtard *Don Joan*, issu d'une belle Gallicienne, Teresa Laurenço.

Don Fernando succéda à son père sur le trône et fut le dernier représentant légitime de la dynastie dite *branche de Bourgogne*, qui régnait sur le Portugal depuis 1139. Il épousa sa parente Lianor Tellez, du vivant même du mari de celle-ci, après avoir cassé son mariage, malgré l'opposition du Saint-Siège (1).

(1) Le mari de Lianor, Jean Laurenço da Cunha, seigneur de Pambiero, impuissant à se venger de la royauté, se retira en Galice et porta toute sa vie des *cornes d'argent* sur son chapeau, en signe du déshonneur que D. Fernando avait jeté sur sa maison.

De ce mariage adultère naquit une fille, *Dona Brites* (Béatrix), dont le roi chercha vainement à faire reconnaître la légitimité par ses frères. D. Joan et D. Diniz ; les fils d'Inez de Castro, préférèrent émigrer en Castille plutôt que de baiser la main de leur belle-sœur, et le bâtard D. Joan, demeuré en Portugal, n'échappa au poignard des assassins soudoyés par l'ambitieuse Lianor, que par la protection de l'ordre militaire et religieux de Saint-Benoît d'Aviz (branche de l'ordre de Calatrava) dont il était grand-prieur.

Afin de donner un protecteur à sa fille et d'assurer son héritage contre l'ambition de ses oncles, D. Fernando fit la paix avec le roi de Castille Jean I^r, qui avait tenté la conquête du Portugal, et lui donna en mariage Dona Brites, à peine âgée de dix ans. A l'instigation de Lianor, Jean I^r fit arrêter et emprisonner D. Joan, réfugié dans ses États, où il avait épousé sa sœur naturelle Constance ; il mourut en prison. D. Diniz, pour échapper à un sort semblable, s'enfuit en Angleterre.

La loi portugaise permettait aux femmes de succéder au trône à défaut d'héritiers mâles, mais ne les admettait à régner qu'après avoir donné naissance à un fils capable d'assurer leur descendance. A la mort de D. Fernando, survenue en 1383, peu de temps après le mariage de Dona Brites, Lianor s'empara de la régence du Portugal en attendant que sa fille remplit les conditions de la loi pour régner. La noblesse et le peuple de Lisbonne, très hostiles à la politique castillane que Lianor cherchait à faire prévaloir, ne tardèrent pas à la renverser du pouvoir et à mettre à la tête du gouvernement le bâtard D. Joan, très populaire et généralement désigné sous le nom de *Mestre d'Aviz*. Lianor fut enfermée dans un couvent.

Le Mestre d'Aviz, profond politique qui ambitionnait secrètement la couronne, exerça le gouvernement du Portugal avec le titre de *Protecteur*, en attendant que les Cortès eussent pu résoudre les questions très controversées de la légitimité

de Dona Brites, retirée à la cour de son mari en Castille et de
D. Diniz réfugié en Angleterre, tous deux désignés comme
successeurs au trône. En 1385 enfin, les Cortès assemblés à
Coïmbre, écartant les deux prétendants, firent choix comme roi
de D. Joan lui-même qui, depuis deux ans exerçait le gouvernement avec beaucoup de sagesse et de fermeté. A l'avis de
cette résolution le roi de Castille prit les armes et fit irruption
dans le Portugal pour y réclamer les droits de sa femme.
Son armée fut battue à Aljubarotta, par le Mestre d'Aviz
assisté par les Anglais, et aussitôt celui-ci fut proclamé roi à
Lisbonne sous le nom de *Joan I*er. Il fut le fondateur de la
branche dynastique dite *branche d'Aviz*, qui régna sur le
Portugal jusqu'en 1580, et mérita le beau titre de *Père de
la patrie* et de *Roi de bonne mémoire* (¹).

Joan Ier, relevé de ses vœux religieux par le pape Clément VII
en 1387, épousa dona Filippa (Philippine), fille du duc de
Lancastre et nièce du roi d'Angleterre Henri IV ; il en eut
huit enfants :

Dona Bianca (Blanche), née à Lisbonne en 1389 et morte
âgée de quelques mois.

Don Alfonso (Alphonse), né à Santarem en 1390 et mort
en 1400.

Don Duarte (Édouard), né à Viseu en 1391 et qui succéda
à son père.

Don Pedro, né à Lisbonne en 1392.

Don Henrique (Henri), né en 1394.

Dona Isabelle, née en 1397, qui épousa le duc de Bourgogne
Philippe le Bon.

---

(1) Nous avons résumé aussi succinctement que possible l'histoire dra-
matique et tragique de l'avènement au trône de la *branche d'Aviz*, où,
à côté de la crédulité et du fanatisme le plus profond, se déchaînent
les vices, les passions désordonnées et les crimes. Cet état social profondément troublé et presque barbare, au milieu duquel nous allons voir
naître et se développer une grande et généreuse idée scientifique, nous
a paru devoir être indiqué.

Don Joam, né à Santarem en 1400.

Don Fernando, né à Santarem en 1402.

Le *Mestre d'Aviz* avait eu avant son mariage un fils naturel né en 1370, *Don Alfonso,* qui le premier porta le titre de duc de Bragance et une fille *Dona Briles,* plus tard comtesse d'Arundel.

Élevés par leur mère, une des femmes les plus distinguées de son temps, les enfants légitimes de Joan Ier ont tous occupé par leurs travaux une place remarquable dans l'histoire du Portugal. — *Duarte* qui succéda à son père, a laissé des mémoires sur la politique gouvernementale, sous le titre de *Leal Conseilheiro (Le Loyal Conseiller),* encore renommés dans la littérature portugaise. — *Pedro,* qui visita une grande partie de l'Europe, était un humaniste, un poète et un musicien de mérite ; il fut régent du royaume pendant la minorité de son neveu, fils de Duarte, et reçut de la reconnaissance populaire le surnom de *Alfarrobeira.* — *Dona Isabelle* épousa Philippe le Bon, duc de Bourgogne et fut mère de Charles le Téméraire. — Suivant la coutume de l'époque, les trois fils cadets furent voués à l'église et désignés pour la grande-maîtrise des ordres militaires, qui occupaient alors une grande place dans le gouvernement du Portugal en guerre continue avec les Maures d'Afrique, et formaient la seule armée permanente pour la défense du royaume : Don *Henrique* fut grand-maître de l'ordre du Christ, Don *Joam,* grand-maître de l'ordre de St.-Jacques (Santiago), puis connétable du royaumne, Don *Fernando* grand-maître de l'ordre d'Aviz.

L'Infant Don *Henrique* (ou *Amrique),* dont nous voulons nous occuper plus spécialement, naquit suivant les uns à Porto, suivant d'autres à Villa-Viciosa, le 4 mars 1394. Destiné par son père à la grande-maîtrise de l'ordre du Christ, son éducation se fit dans un noviciat, en commun avec un grand nombre de cadets des plus grandes familles portugaises, destinés à l'ordre. Le jeune prince avait pris pour devise : *Talent de bien faire,* et ne tarda pas à montrer les plus remarquables dispositions pour l'étude des mathématiques, de l'astronomie et de la cosmographie. Appelé à commander son ordre, tant sur terre que sur mer, il s'appliqua à la navigation sous la direction d'un habile pilote majorquin, Jacomo de Malhoria, et s'éprit de géographie. S'inspirant des patriotiques souvenirs du fondateur de son ordre, son ancêtre le roi Diniz, il rêva le généreux projet de fonder la gloire navale de son pays. A l'imitation d'un autre de ses ancêtres, Alphonse X de Castille, il attira à sa cour les géographes et les marins les plus expérimentés, tant chrétiens que juifs ou mahométans, pour les interroger et recevoir leurs leçons. « Combien de fois », a dit Gomez Eanez de Azurara, « le soleil ne l'a-t-il pas trouvé assis » au même lieu où l'avait laissé le jour d'avant, veillant » toute la durée de la nuit, sans recevoir aucun repos, environné » de gens de diverses nations, non sans tirer profit de chacun » d'eux, car ce n'était pas une petite joie pour lui que de » découvrir un moyen d'être utile à tous »

Tout en étudiant Claude Ptolémée et Benjamin de Tudèle, l'Infant conçut le vaste plan d'utiliser les richesses de son ordre à la création d'un grand établissement maritime destiné à procurer au Portugal une véritable puissance navale, par la conquête des îles dont l'existence n'était encore que vaguement signalée, et même par la recherche de la route des Indes. Pour réaliser ce projet grandiose, il importait tout d'abord de fonder une école de navigation afin de perfectionner dans les équipages la pratique de la mer, de vaincre la défiance générale qui faisait reculer les marins devant les entreprises de haute mer, en même temps qu'on s'y appliquerait à recueillir tous les documents propres à renseigner et à mettre à profit les découvertes antérieures, demeurées mystérieuses et incertaines.

En 1415, au moment où il allait réaliser ces projets, l'Infant en fut tout à coup détourné par la guerre contre les Maures, à laquelle il prit part avec ses frères Duarte et Pedro, sous les ordres de son père le roi Joan Ier. Don Henri commanda l'assaut victorieux livré à Ceuta, que défendait le cheik renommé Çala-ben-Çala et, par cet exploit, prit en quelque sorte possession de l'Afrique qui allait être le but des travaux de toute sa vie. « Ceuta » dit M. Ferdinand Denis, le laborieux conservateur de la bibliothèque de Ste.-Geneviève à Paris, dont les recherches ont jeté une si vive lumière sur l'histoire de Portugal, « Ceuta fut le premier anneau de la longue chaîne que les marins portugais tendirent autour de l'Afrique, dont le dernier, scellé d'or, se rattachait au paradis de l'Inde ».

Pour récompenser la belle conduite de ses fils, le roi Jean Ier institua le titre de duc qui n'existait pas en Portugal et créa D. Pedro duc de Coïmbre et D. Henri duc de Viseu. Quant à D. Duarte, héritier du trône, il n'avait pas de plus grande dignité à lui conférer.

Au retour de son expédition, l'Infant Henri donna suite à son dessein de création d'une école navale. Il l'établit à Sagrès, près du cap St.-Vincent, et en confia la direction au pilote Jean de Malhoria. L'école reçut le nom de *Terça nabal* (*Tercena naval* ou *Darsena naval,* Arsenal des galères). Lui-même s'y établit dans un petit ermitage, appartenant à l'ordre du Christ, bâti au bord de la mer sur un promontoire, d'où il dominait l'horizon sur une grande étendue et pouvait surveiller l'entrée et la sortie des vaisseaux et leurs manœuvres, participant à tous les travaux de l'école et se plaisant même à y donner des leçons. Il y organise une sorte de société savante au moyen de ses commensaux ordinaires, discutant des questions de géographie et de navigation ; nous y voyons figurer Bartholomeu Perestrello, Lombard d'origine, de la famille des Perestrelli de Plaisance, dont la fille épousa Christophe Colomb. Lelewel a nommé cette association l'*Académie de Sagres.* Un important atelier de dessinateurs de cartes géographiques y fut annexé, afin de pourvoir les vaisseaux portugais des meilleures cartes marines. On croit que D. Henrique corrigea de sa propre main la carte manuscrite du savant pilote Gabriel de Valsecca de Majorque, portulan dont Améric Vespucci se procura plus tard une copie au prix de 130 ducats d'or. L'Infant se plaisait tellement dans ces travaux, qu'il fit construire sur le cap St.-Vincent un palais, la *Villa Infante,* où il s'établit définitivement en 1438.

Son frère D. Pedro avait le goût des voyages et obtint du roi Jean l'autorisation de visiter les lieux saints. Après un voyage en Palestine, il se rendit à la cour du sultan de Babylone à Bagdad et à celle du sultan des Turcs à Adrianople, visita Rome où le pape Martin V lui fit le plus brillant accueil, la Hongrie, la Bohème, le Danemark, et revint à Venise négocier un traité entre l'empereur Sigismond et la République, au sujet de la guerre contre les Turcs ; il visita encore le roi Henri VI en Angleterre et rentra en Portugal en 1428, après douze ans d'absence, ayant parcouru, disait-on, la « septième partie de la terre ». Dans ses pérégrinations D. Pedro s'efforçait de recueillir tous les documents géographiques qu'il trouvait et les envoyait aussitôt en Portugal à son frère Henri. En 1424 il reçut du doge de Venise, en témoignage de reconnaissance de ses bons offices pour la conclusion du traité avec l'empereur Sigismond, une copie du manuscrit du voyage de Marco Polo et une copie d'un portulan sur lequel étaient dessinées les côtes d'Afrique, probablement le précieux *portulan Médicéen* de 1351, qu'il était interdit aux Vénitiens de communiquer aux étrangers sous peine de mort. Ces importants documents prirent immédiatement la route de Lisbonne.

Le *cap Non* visité par les navires de l'ordre du Christ depuis 1412, était considéré alors, ainsi que nous l'avons dit, comme le dernier point accessible de la côte d'Afrique. Un ancien proverbe disait : *Celui qui voit le cap Non, rebroussera chemin ou Non,* c'est-à-dire, ne reverra plus sa patrie. Renseigné par les Arabes, l'Infant Henri, au retour de son expédition militaire au Maroc, résolut de poursuivre la reconnaissance des côtes d'Afrique, avec l'espoir de prendre à revers les possessions des Maures. Il fut puissammant encouragé dans cette entreprise par le pape Martin V qui, d'accord avec

les empereurs Sigismond et Manuel Paléologue, les rois Jean II
de Castille et Henri V d'Angleterre, lui offrit le commandement
d'une nouvelle croisade ; mais entrevoyant le brillant avenir
qui pouvait en résulter pour son pays, l'Infant s'appliqua à
sa tâche avec un zèle patriotique et en fit une œuvre purement
nationale.

« Il commença de mettre à exécution, « dit Jean Barros, » cette
» œuvre qu'il désirait si fort, en envoyant chaque année deux
» ou trois navires à la découverte des côtes, au delà du cap
» Noun, qui est environ 12 lieues au delà du cap d'Aguilon
» (cap ou pointe d'Arguin), lequel cap Noun était le dernier
» terme des terres connues que les marins espagnols eussent
» atteint dans leurs navigations en ces parages. Mais les navires
» qui, cette fois et autres, allèrent et revinrent, ne découvrirent
» que jusqu'au cap *Bojador*, qui est en avant du cap Noun,
» environ 60 lieues et tous s'arrètaient là, sans que personne
» osât se risquer à le doubler ». Deux jeunes chevaliers de
la maison du prince, Joan Gonçalvez Zarco et Tristam Vaz
Teixeira, avaient réussi, en 1415, à atteindre le cap qu'ils nommèrent Bojador, prétendent les écrivains portugais (¹), à cause
du tournoiement des flots, qu'ils constatèrent tout alentour,
mais arrivés en ce point ils avaient été poussés au large par
la tempête, à leur grand effroi, et eurent la bonne fortune
d'atterrir à l'île de Porto-Santo (Archipel de Madère). Ils
s'empressèrent de revenir rendre compte de leur découverte au
prince Henri. L'année suivante ils y ramenèrent Bartholomeu
Perestrello, auquel donation de l'île fut faite sous condition de
la coloniser. On raconte que Perestrello emportait avec lui, dans
une cage, une lapine pleine, qui mit bas pendant le voyage ; ce
fut pour les voyageurs un signe de bon augure de la fécondité de
l'île ; mais ces lapins se propagèrent avec une telle rapidité que
les cultures en souffrirent et qu'on fut obligé d'abandonner l'île.

---

(1) Nous avons vu que le nom de *Bujeder* (ou Bojador) se trouve déjà
indiqué sur le portulan médicéen de 1375.

Archipel de MADERE

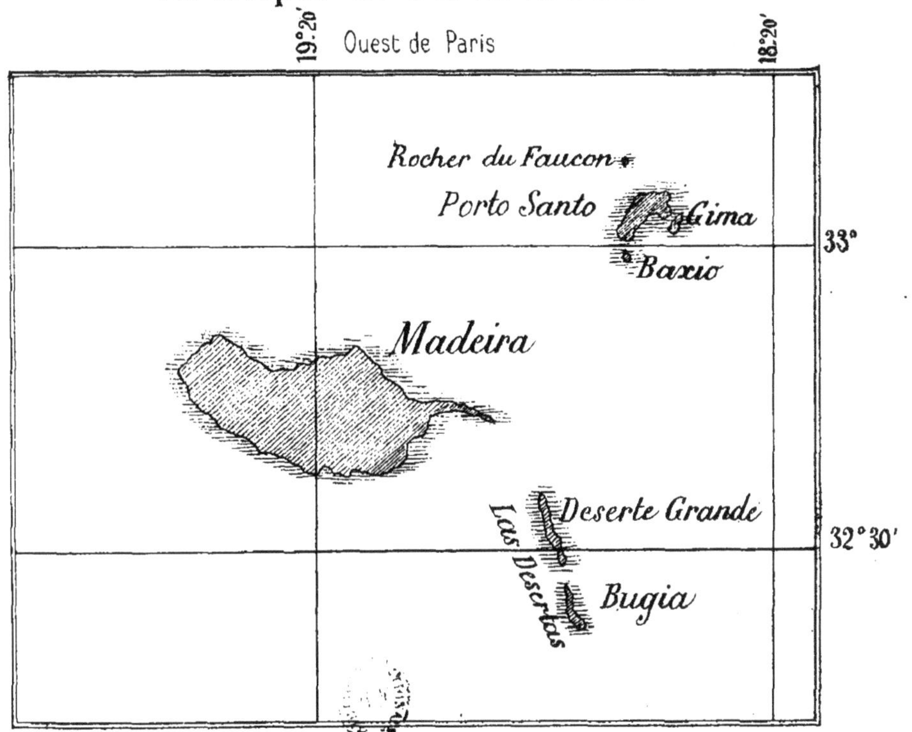

De Porto-Santo, on apercevait à l'horizon, entre le ciel et la mer, une ligne sombre dans le Sud-Ouest, d'où quelquefois le vent apportait des bruits étranges, mais telle était la terreur de l'île de Saint-Brandon, que les navigateurs n'osaient s'avancer dans cette direction et affronter l'inconnu. Cependant en 1519 revenant en Portugal, Zarco et Tristam Vaz ayant capturé sur un navire espagnol le pilote Jean Moralès, celui-ci leur indiqua cette ligne comme la terre où avait séjourné O'Machin, qui avait été son compagnon de chaîne chez les Maures. En 1520, une expédition fut envoyée par le prince Henri à la reconnaissance de cette terre nouvelle. Malgré leur effroi, Zarco et Tristam y abordèrent résolument. Ils en firent la reconnaissance et Gonçalvez en rapporta la description d'une riche végétation ainsi que d'une grotte merveilleuse qu'il avait visitée et dépeignait sous les couleurs d'un palais enchanté. L'île reçut le nom d'île de Madère et fut concédée par le roi Jean Ier, divisée en parts égales, à Zarco et Tristam Vaz, sous la souveraineté de l'ordre du Christ. Zarco, le chef de l'expédition, fut fait *comte de Camero de Lobos*. La colonisation de l'île fut dirigée d'une manière malhabile et des colons ayant mis le feu à la forêt par déroder les terres et les préparer à la culture, l'incendie se propagea sur l'île tout entière qui brûla, dit-on, pendant sept années. Pour remédier à cette destruction, le prince Henri y fit importer des cannes à sucre et des vignes de Sicile (remplacées au XVe siècle par des vignes de Chypre), qui ont assuré à Madère une grande prospérité pendant de longues années.

On a remarqué que le nom portugais de *Madeira* donné à cette île, répond à l'expression de *haute futaie* et n'est que la traduction du nom italien *d'insula Legname* du portulan de 1351, qui a la même signification ; il est donc bien certain que les Portugais furent guidés dans cette découverte par des indications antérieures de source italienne.

Ainsi que nous l'avons vu, le prince Henri, profitant des embarras financiers de Jean de Bethencourt, avait acquis en 1418 de son neveu Mathieu la propriété de la Grande-Canarie,

En 1424 il envoya Fernand de Castro prendre possession de cette acquisition, mais celui-ci, à son arrivée, trouva que les Espagnols l'y avaient devancé et il dut se retirer. Une entreprise plus importante d'ailleurs attirait l'attention du prince en ce moment.

Une carte catalane, dressée de 1434 à 1439 par Gabriel Valsecca, donne un dessin fort exact des îles Açores, dont les noms sont indiqués sous des formes étranges, d'origine demeurée inexpliquée : *Ylla de Oesels* (Ste.-Marie), *Ylla de Fruydols* (St.-Michel), *Ylla de Inferno* (Tercère), *Ylla de Guatrilla* (St.-Georges), *Ylla de Sperla* (Pico), plus un nom effacé. La carte porte la mention suivante : « Ces îles furent trouvées » par Diego de Séville, pilote du roi de Portugal en l'année « 1427. » — Il est vraisemblable que le prince Henri fut informé de la découverte faite par l'Andalou Diego, dont il trouva la confirmation sur le portulan médicéen, envoyé de Venise par son frère Don Pedro. Le grand-maître de l'ordre du Christ résolut de s'emparer de ces îles au profit du Portugal. Il y envoya en 1431 une reconnaissance dirigée par le commandeur de l'ordre Gonçalho Velho Cabral qui, épouvanté par le bouillonnement des eaux aux alentours des rochers des Formigas, crut se trouver dans la marmite de l'Enfer et près de la terrible et fantastique *Antilia* ou île de St.-Brandon. Il s'enfuit terrifié et rentra à Lisbonne. L'année suivante le prince ayant réussi à calmer cette terreur, l'obligea à reprendre son expédition, peut-être en lui adjoignant le pilote Diego de Séville, attiré au service du Portugal. Plus heureux cette fois, Velho Cabral aborda à une île de forme ronde, qu'il nomma *île Ovo* et reçut ensuite le nom d'*île Sainte-Marie*. A son retour il fut récompensé par la concession héréditaire de sa découverte, sous condition de la coloniser. Il ne semble pas qu'il s'y soit appliqué avec beaucoup d'ardeur, ni qu'il ait fait de grands efforts pour étendre sa conquête. On rapporte qu'un jour un esclave maure amené dans l'île aperçut au loin à l'horizon une ligne sombre ayant les apparences d'une île. Quoique cette apparition répondit exactement à l'île dessinée sur le portulan de 1351, formant groupe avec Sainte-Marie sous le nom de Cabrera, les habitants de Sainte-Marie n'attachèrent d'abord aucune importance à cette vision. Ils crurent simplement à l'existence de rochers, dont on voyait sortir de temps à autre des essaims d'autours et les nommèrent *rochers des Éperviers* ou *des Autours* (en portugais *Açor*), nom qui devint par la suite générique pour désigner tout l'Archipel. Soit indifférence, soit crainte, plusieurs années se passèrent avant qu'on alla visiter ces roches.

La mort du roi Jean Ier et l'avènement au trône de son fils D. Edouard, en 1433, ramenèrent l'infant D. Henri aux travaux militaires. Il fut chargé de commander une expédition contre Tanger, avec l'aide de ses deux frères, Ferdinand et Jean, qui y faisaient leurs premières armes. La campagne fut malheureuse : l'armée portugaise, obligée de regagner l'Europe, laissait le jeune et malheureux prince Ferdinand prisonnier en Afrique.

Après cette guerre commence l'œuvre la plus considérable du prince Henri : la recherche de la *route des Indes*, entrevue par les géographes. Avant d'en faire le récit, il convient d'achever l'histoire de la conquête des Açores et des Canaries, qui en fut réellement un incident préparatoire.

Les explorations du prince Henri dans l'Archipel des Açores, après l'importante découverte de l'île Sainte-Marie par Velho Cabral, en 1432, paraissent suspendues pendant douze ans, car, d'après les documents officiels, ce n'est qu'en 1344 que Velho Cabral aborde le prétendu *rocher des Éperviers* et y découvre une belle île qu'il baptise du nom de *Saint-Miguel ;* cette nouvelle conquête fut jointe à son domaine.

Ce que l'action officielle du gouvernement portugais ne réussit pas à faire, l'action privée paraît l'avoir accompli. Le *portulan* de Valsecca de 1439 indique en effet, outre les îles Sainte-Marie et Saint-Miguel, un autre groupe formé des îles Tercère, St.-Georges, Fayal, Pico, qui constitue ce qu'on nomma par la suite les *Iles Flamandes*, groupe déjà indiqué sur le *portulan catalan* de 1375. L'histoire de la découverte de ces îles est demeurée absolument mystérieuse et, malgré tous les efforts des historiens, on ne peut faire à ce sujet que des conjectures, une sorte de roman historique d'une exactitude contestable, en se basant sur quelques rares documents irréfutables.

Il paraît qu'un marin flamand, poussé par la tempête, alla s'échouer sur une île nommée *Brazil* sur les anciennes cartes italiennes, et qu'il désigna à son tour sous le nom d'*île de Jésus-Christ, de Jésus*, ou même de *Bon-Jésus*, probablement parce qu'il y aborda la veille de la Noël (plus tard *île Tercère)*. Certains prétendent que ce marin était *Fernand Dulmo* (sans doute Ferdinand *van Olm* ou *de l'Orme)* attaché à la maison de *Josse van den Berg* de Bruges (connu en Portugal sous le nom de *Josse van Brugge* ou de *Jacomo de Bruges)*, établi à Lisbonne et faisant le commerce entre les Pays-Bas et le Portugal. D'autres attribuent la découverte à van den Berg lui-même. Van den Berg était un étranger en Portugal et ne pouvait espérer être mis en possession de son île, au même titre que Velho Cabral ; il conserva sa découverte secrète, comptant sur quelque circonstance favorable pour en tirer profit. N'abandonnant pas ses explorations, il découvrit encore successivement St.-Georges, Fayal et Pico. Il est probable que ce fut en utilisant les renseignements fournis par van den Berg ou l'un de ses associés, que Valsecca dressa le portulan de 1439, avec l'indication de ces îles. Van den Bergh épousa à Lisbonne une dame noble, Dona Sanche Rodriguez de Arca, attachée antérieurement à la maison de Dona Brites (depuis comtesse de Arundel), fille naturelle de Jean Ier. Usant du crédit de sa femme à la cour, il fit hommage de sa découverte à Dona Isabelle, duchesse de Bourgogne. « A la suite d'une grande disette qui règnait » en Flandre, » dit un auteur, « cette princesse y fit trans- » porter une colonie de Flamands, » d'où vient le nom d'*îles Flamandes (Flamingo* ou *Vlaemsche Eylanden)* ou *Nouvelle-Flandre* donné à ces îles. Ce fut vraisemblablement à la suite de cette colonisation flamande que Velho Cabral, à la veille d'être dépossédé d'une partie du domaine auquel il croyait pouvoir prétendre, se décida à occuper l'île de Saint-Miguel. Grâce à la protection de la duchesse de Bourgogne, *Jacomo de Bruges* obtint, en 1450, la concession de l'*île de Jésus-Christ* qu'on nomma dès lors *Tercère* (c'est-à-dire *la troisième* de l'Archipel), au même titre que Velho Cabral avait obtenu celle de Sainte-Marie et Saint-Miguel.

Après la mort de Josse van den Berg, la propriété de l'île Tercère passa dans les mains de sa fille et héritière, mariée à un gentilhomme anglais Édouard Paim, tandis que celle de l'île St.-Georges fut concédée à un Flamand Guillaume van der Hagen (Guilherme Vanderaga, traduit plus tard par da Silvera, la hétraie), et celle de Fayal à un autre Flamand, Josse van Heurter, seigneur de Moerkerke (Job ou Jobst van Huerter ou de Utra) ; tous se reconnurent vassaux du Portugal.

Cette colonisation flamande éveilla l'attention des Portugais et les incita à de nouvelles explorations autour de Sainte-Marie ; ils découvrirent successivement l'*île Graciosa*, concédée à Pierre Correa da Cunha, et l'*île Florès*, échue en propri été à Dona Maria de Villhena.

La possession des Canaries fut l'objet de longs débats entre l'Espagne et le Portugal. La vente faite par Mathieu de Bethencourt à Don Henri fut contestée par la famille Peraza se basant, pour prétendre à la possession des Canaries, sur des droits que lui avait concédés le roi de Castille en 1390 ; un accord survint en 1430 entre les Peraza et Bethencourt, dont le domaine fut réduit à Lancelote. Celui-ci vendit Lancelote au prince Henri en 1445, mais lorsque les Portugais essayèrent d'en prendre possession, ils furent repoussés et le roi de Castille déclara Bethencourt, qui n'avait pas d'héritier mâle, déchu de ses droits. Le dernier mot n'était pas encore dit ; Gonçales de Castro, comte d'Antonquia, témoin du mariage de Henri IV d'Espagne avec une princesse portugaise, se fit concéder la propriété de Ténériffe et de Palma, que le roi d'Espagne supposait inoccupées. En 1466 une expédition portugaise, sous les ordres de Diego da Silva, fut envoyée pour occuper ces îles, mais aussitôt le roi d'Espagne retira la concession sur de nouvelles réclamations de la famille Peraza. La paix fut enfin conclue par le mariage de da Silva avec la dernière descendante des Peraza. Suivant une tradition, da Silva, (van den Bossche) était d'origine flamande. En 1476 Ferdinand et Isabelle réunirent les Canaries au domaine de la couronne de Castille ; Palma et la Grande-Canarie ne furent défini' vement conquises par les Européens qu'en 1493, et Ténériffe en 1497.

Au XVIe siècle, l'île de Palma, dépeuplée par les Espagnols, fut acquise par de riches marchands flamands d'Anvers, Paul van Daele (qui avait épousé Anne de Cocquiel), et Melchior Groenenberg ; ils y transportèrent une colonie de Fl nands dont, suivant le Dr von Fritsch, on retrouve encore le sang mêlé au sang espagnol, dans les habitants actuels de l'île. L'île fut dès lors désignée sous le nom d'*île de Sucre (Suiker eiland)*. La descendance de Groenenberg subsiste encore en Portugal sous le nom de *Monteverde* ; celle de van Dael s'éteignit, en passant par son fils Pierre (qui épousa Marguerite van de Werve et de Schilde), son petit-fils Paul, son petit-neveu Pierre van Dael et Massieu, dans la famille de Ayala et Roxas, seigneur de Gomère.

Archipel des AÇORES

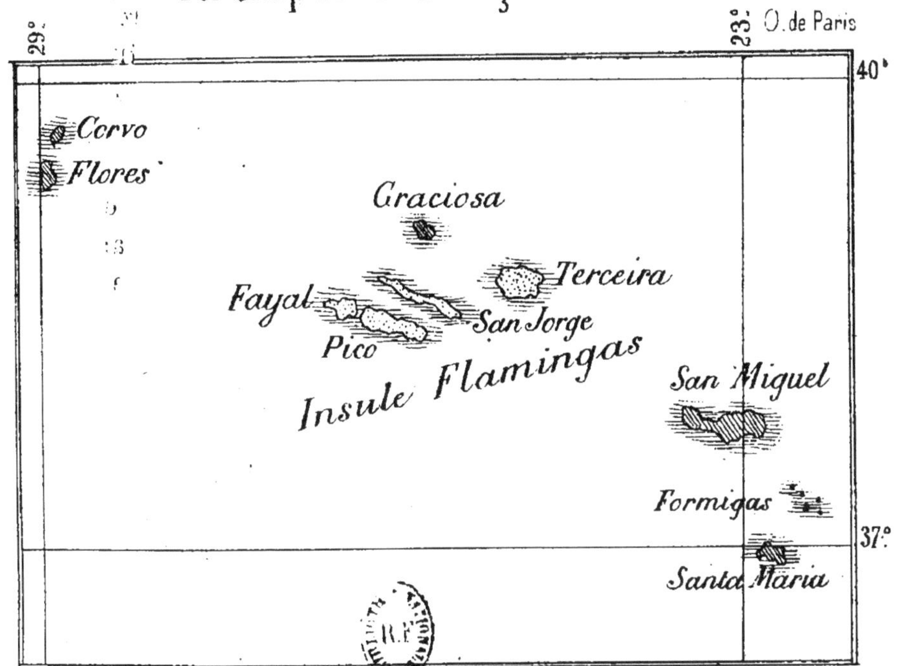

CHAPITRE VI.

La route des Indes orientales.

Pendant son voyage en Italie le duc de Coïmbre, Don Pedro, interrogeant avec avidité les voyageurs et les géographes et cherchant à recueillir des documents et des renseignements géographiques, fut très frappé de voir se produire la conviction générale qu'il y avait une route vers l'Inde par voie de mer, en suivant la côte occidentale de l'Afrique. Des cartes, telles que la mappemonde de Sanudo, constituaient l'expression matérielle de cette conviction, plutôt qu'elles n'étaient la constatation des faits observés. A son retour en Portugal Don Pedro engagea son frère à poursuivre, le long de la côte, les tentatives de navigation prolongées déjà depuis 1412, du *cap Non* au *cap Bojador* (26°6' lat. N.). Telle fut en effet l'œuvre que Don Henri entreprit avec une admirable persévérance et qu'il accomplit d'une manière absolument méthodique, levant patiemment les obstacles de tous genres qui l'entravaient.

On admettait à son époque, d'après Aristote, qu'au sud du cap Bojador le soleil brûlait le sol et rendait impossible la germination des plantes, l'éclosion de la vie chez les hommes et les animanx. Afin de s'assurer du fondement de cette hypothèse, le prince Henri prescrivit à son écuyer Gill Eanez de longer la côte d'Afrique aussi loin que possible au delà du cap Bojador. Eanez atteignit le cap, mais n'osa pas le dépasser, tant était grande la terreur de ce passage,

chez les marins même les plus résolus. « Jusqu'à ce temps » dit Gomez Eanez de Azurara, « ni par relation écrite, ni par
» mémoire d'homme, on n'avait jamais pu déterminer de façon
» précise quelle était la qualité de la terre au delà de ce
» promontoire. Il est vrai que quelques-uns disaient que Saint-
» Brandon avait passé dans ces lieux et que d'autres rap-
» portaient que deux galères y avaient bien été (celles des
» frères Vivaldo sans doute), mais qu'elles n'en étaient jamais
» revenues. » Eanez, après avoir touché au cap et aux Canaries, revint en Portugal.

Le prince Henri le réprimanda de sa pusillanimité et le persuada de reprendre le même voyage l'année suivante. « Vous
» ne pouvez, » lui disait-il, « rencontrer tel péril que l'espoir
» de la récompense ne soit encore beaucoup plus grand,
» et en vérité je m'émerveille de ce que l'imagination ait un
» tel empire sur vous que vous redoutiez des choses si incer-
» taines ; car si les choses qu'on en rapporte avaient quelque
» autorité, pour que je les regardasse comme fondées, je ne
» vous infligerais pas une si grande peine. » Il lui ordonna de dépasser le cap et d'en rapporter un objet quelconque pour rompre, en quelque sorte, le charme qui arrêtait la navigation de ce côté. Les voyageurs portugais avaient coutume d'ériger des poteaux en forme de *croix en bois*, aux endroits où ils abordaient : l'Infant recommanda à Eanez de laisser soigneusement cette marque de son passage au point le plus éloigné de son voyage (¹). Eanez accomplit ses ordres en 1431, dépassa le cap, mais toujours dominé par la terreur, n'osa le faire que d'une faible distance et revint à Lisbonne affirmant qu'il n'avait trouvé

---

(1) La destruction de plusieurs de ces signaux ayant donné lieu à des contestations, le roi Jean II prescrivit que tout navire envoyé en exploration emporterait des *croix en pierre (padrao)* ornées des armes du Portugal et sur lesquelles on graverait en latin et en portugais le nom du roi, celui du capitaine du navire et la date où elle était plantée. La première de ces croix en pierre fut placée en 1484, à l'embouchure du Congo et donna au lieu où elle fut placée le nom de *cap Padron*.

qu'une terre absolument inhospitalière ; comme signe de l'aridité du sol, il rapportait des *roses de Sainte-Marie* (sans doute des *roses de Jéricho*) image de l'état de désolation profonde du pays qu'il avait visité.

En 1435, le prince persuada encore Eanez de faire un troisième voyage et lui adjoignit son échanson Alphonse Gonçalvez Baldaya. Le cap fut dépassé de 50 lieues, mais les deux voyageurs déclarèrent n'y avoir trouvé qu'une terre inhabitée, sans aucune trace d'hommes ni de chameaux. La théorie Aristotélicienne pesait sur les explorateurs et entravait leur résolution. Sans se décourager, l'Infant envoya une quatrième fois Eanez et Baldaya en Afrique en 1436, faisant cette fois embarquer des chevaux, afin de leur permettre de pénétrer dans l'intérieur des terres. Il leur ordonna de faire prisonniers les naturels qu'ils rencontreraient et de les ramener en Portugal, afin de connaître la race à laquelle ils appartenaient. Les voyageurs atteignirent à la *baie de Garnet* (25° 10' lat. N.), dont l'un des promontoires se dessinait sous forme de galère, qu'ils nommèrent *Porto do Galle*. Ils s'avancèrent dans l'intérieur du pays et rencontrèrent des troupes d'indigènes qui s'enfuirent à leur approche ; ils n'en saisirent aucun et furent contraints de rentrer en Portugal, ne rapportant que quelques misérables filets et des peaux de veaux marins, comme signe de l'habitation humaine sur cette côte.

Néanmoins, grâce à la persistance du prince Henri, le charme était rompu et la légende d'une région fatale à la vie humaine, détruite. « Ce fut un heureux jour », dit un écrivain, « que celui où, après avoir vu du haut de son » modeste oratoire du cap St.-Vincent, s'avancer la voile blanche » de Gil Eanez, l'Infant Don Henri apprit par son rapport que » le cap mystérieux était doublé. Désormais la limite est » franchie, le désir de l'Infant peut aller plus loin encore, » il entrevoit la vérité. C'est pour cette fois qu'on peut dire » avec un écrivain plein d'éloquence, que ne pouvant agrandir

» le territoire de son pays, il lui a donné l'Océan. Mais que
» de veilles il lui a coûté pour arriver à ce but, que d'efforts
» il lui a fallu pour faire passer dans le domaine de la réalité
» une théorie confuse, qui n'était basée que sur des récits
» mensongers, ou sur les écrits des géographes anciens. »

La mort du roi Édouard, survenue en 1438, suspendit quelque temps les expéditions maritimes. Mais l'Infant Don Pedro son frère, ayant été appelé à la régence du royaume, pendant la minorité d'Alphonse V, avec le titre de *défenseur du Portugal*, encouragea hautement ces entreprises maritimes, qui furent reprises en 1441 par l'envoi de deux navires commandés par le jeune Antonio Gonzales et le chevalier Nuno Tristam, attachés à la maison de l'Infant Don Henri. Les deux explorateurs se rejoignirent à l'embouchure du *Rio de Ouro*, (23° 30' de lat. N.) qui ne reçut ce nom que par la suite, ainsi que nous le verrons. Ayant attaqué les Maures, ils parvinrent à saisir 12 captifs et un de leurs chefs nommé Andahu. Après le combat, Tristam conféra la chevalerie à Gonçalès et le lieu de leur rencontre reçut le nom de *Porto Cavallero*. (23° 20' lat. N.)

Gonçales ramena les captifs en Portugal, tandis que Nuno Tristam continuant ses explorations, atteignit jusqu'au *cap Blanc* (20° 46' de lat. N.), où il trouva encore des traces de l'existence de l'homme, mais sans pouvoir faire d'autres prisonniers. Le retour des deux chevaliers fut célébré comme un grand événement en Portugal. Désormais le problème de la *route de l'Inde*, encore mis en doute par beaucoup d'esprits pessimistes, apparaissait avec une saisissante réalité et sa solution devait être le fruit de la persistance.

Andahu, le chef noir fait prisonnier, était rusé ; dans les interrogatoires qu'on lui fit subir, il ne tarda pas à s'apercevoir que l'or était surtout la passion qui poussait les chevaliers vers l'Afrique ; il décrivit son pays comme la contrée des merveilles, très riche en or, avec l'espoir d'y être ramené, et offrit de servir de guide aux Portugais s'ils consentaient à lui rendre la liberté. Une nouvelle expédition fut organisée par Gonçalvez accompagné d'un chevalier allemand nommé Balthasar, attaché à l'empereur Frédéric III, le mari de l'Infante Leonora de Portugal. Andahu fut ramené au Rio de Ouro, et, en échange de sa personne, livra 10 nègres ou négresses esclaves et un peu de poudre d'or, (d'où vint le nom de Rio de Ouro donné à *Porto Cavalliero*) ([1]). Des œufs d'autruche, rapportés également par les voyageurs, furent mangés à la table de l'Infant Henri.

Ce voyage marque une date néfaste dans l'histoire, jusqu'alors absolument scientifique, des découvertes portugaises : le début de la *Traite des Nègres*.

Le Saint-Siège, dans son intransigeance, avait imprimé un caractère presque fatal aux luttes des Chrétiens et des Maures. Après que l'Infant Ferdinand eut été fait prisonnier en Afrique, en 1433, le sultan de Fez offrit de le mettre en liberté en échange de la forteresse de Ceuta. Le roi Édouard, disposé à consentir à cette condition mise à la liberté de son frère, consulta le pape. " Le pouvoir ecclésiastique, " dit M. Denis, " " consulté sur l'opportunité de cette transaction, se prononça " pour un refus ; Rome prétendait qu'il n'appartenait à aucun " prince chrétien de rendre à l'islamisme des mosquées " consacrées au vrai culte, ce qui aurait eu lieu à Ceuta. " Le jeune prince mourut victime et martyr de ce fanatisme sans merci.

Après le retour de Antonio Gonzalès et de Nuno Tristam, le prince Henri envoya Fernan Lopez d'Azvedo en ambassade auprès du pape pour lui annoncer l'heureux succès de ses découvertes et Eugène IV concéda à l'ordre du Christ " non " seulement les terres explorées, mais encore celles qu'il " pourrait découvrir, depuis le cap Bojador *jusqu'aux régions*

---

(1) Cette récolte de poudre d'or, qui valut à la rivière le nom de *Rio del Oro*, servit à fabriquer, sous le règne du roi Alphonse V, une belle monnaie connue sous le nom de *Cruzada*, à cause de la croisade publiée par le pape Calixte III, à laquelle le roi de Portugal avait promis de prendre part et de consacrer les richesses acquises sur les côtes d'Afrique.

» *dont les limites n'étaient pas connues....* » Un grand nombre
de marins se précipitèrent aussitôt à la conquête et au pillage
de ces contrées que leur livrait en quelque sorte la cour de
Rome comme pays conquis : « Il s'en faut bien », dit M. Denis,
« que les excursions des serviteurs de l'Infant eussent un
» caractère pacifique : bientôt chaque voyage entrepris, surtout
» par les marins du pays des Algarves, eut pour but de se
» procurer des esclaves qu'on venait vendre ensuite à *Lagos*.
» Ce trafic était quelquefois considérable ; *la cinquième partie
» en revenait au grand-maître de l'ordre du Christ.* La
» plume éloquente de Gomez Eanez de Azurara nous a conservé
» le récit d'une de ces ventes d'esclaves qui eurent lieu dès
» le XVᵉ siècle, à Lagos ; et si le vieil écrivain, saisi d'une
» indignation sainte, flétrit déjà cet odieux commerce, il trouve
» pour l'excuser des raisons puisées dans les sentiments religieux
» de l'époque. » Qu'ils appartinssent à la race maure ou à celle
des noirs, ces esclaves étaient immédiatement convertis au
christianisme et passaient comme tels dans la population
agricole.

Heureusement pour la science, la passion des découvertes
et les idées patriotiques continuèrent à dominer ces préoccu-
pations nées du fanatisme et de l'esprit de lucre. En 1446,
Alphonse V déclaré majeur, inaugure son règne par l'expédition
de son écuyer Diniz Fernandez (ou Diniz Dias) qui, dit un
chroniqueur « mû plutôt par le désir de l'honneur que par
l'amour du gain, » s'embarque pour la côte d'Afrique et atteint
au *fleuve de Sénégal* (16° 5' lat. N.), puis, reprenant son
expédition l'année suivante (1447) pousse jusqu'au *cap Vert*
(14° 43' lat. N.), auquel il donne ce nom à cause des arbres
qui l'ombrageaient et des herbes vertes du bord de la mer dans
ces parages.

En cette même année, l'ordre du Christ fit une perte cruelle
en Nuno Tristam ; après avoir dépassé le cap Vert, il s'avança
jusqu'au *Rio Grande* (11° 30' lat. N.), où il fut massacré
par les indigènes, avec dix-huit de ses compagnons, dans une

expédition de débarquement. Son navire fut ramené en Portugal par quatre ou cinq marins échappés au massacre, étant restés à bord.

En 1448 Alvaro Fernandez atteignit à *Sierra Leone* (9° de lat. N.).

Des événements politiques d'une extrême gravité se produisirent à cette époque en Portugal. Le jeune roi Alphonse V, suivant le vœu exprimé par son père en mourant, avait épousé en 1448 sa cousine germaine Dona Isabelle, fille de Don Pedro, le protecteur de sa jeunesse. Les meilleures relations continuaient à subsister entre le gendre et le beau-père, qui avait été chargé des fonctions de connétable du royaume après la mort de son frère Jean. Mais ces relations ne tardèrent pas à être troublées par les intrigues d'Alphonse de Bragance, fils naturel de Jean Ier, très jaloux de la famille légitime de son père et qui, tout récemment, avait été déçu de l'espoir d'obtenir la connétablie, conférée à Don Pedro. Alphonse de Bragance porta contre ce dernier l'accusation d'avoir empoisonné leurs frères, le roi Édouard et Don Joan, ainsi que la reine Léonore, femme d'Édouard, avec l'espoir de s'emparer de la couronne. Trop crédule, le roi Alphonse, oubliant les services que lui avait rendus son oncle et beau-père, le déchargea brutalement de toutes les fonctions qu'il occupait dans l'État, l'exila dans ses terres et donna le bâton de connétable à Alphonse de Bragance. Bientôt Pedro eut à se défendre contre les troupes royales envoyées contre lui par son frère naturel et fut tué dans une rencontre à Alfarrobeira (non loin de Lisbonne), en 1449.

Il est difficile de déterminer la part que Don Henri eut dans ces événements. D'un côté on le voit rendre de grands honneurs à la mémoire de Don Pedro, l'ami fidèle de toute sa vie ; d'un autre, il ne semble pas brouillé avec le roi et associe même à ses travaux Don Fernand, le frère puiné du roi, qui devient son fils adoptif destiné à lui succéder dans la grande maîtrise de l'ordre du Christ. Mais en même temps le roi prend une part plus directe aux travaux coloniaux, dont Henri avait eu jusqu'alors la direction exclusive, ce qui lui valut le surnom d'*Alphonse l'Africain*.

Les années 1455 et 1456 occupent une place importante dans l'histoire des découvertes africaines. Deux Vénitiens, Aloyse Ca da Mosto (¹) et Antonio Usidomare (usager de la mer) engagés au service du roi de Portugal, furent envoyés sur les côtes de Guinée, toujours à la recherche de la *route de l'Inde*. Un certain mystère règne sur le but de ce voyage. On sait, d'après les comptes du couvent des Camaldules de St.-Michel de Murano, que le religieux Fra Mauro, géographe distingué, termina vers 1449 sa célèbre mappemonde, dont une seule copie fut faite et remise au malheureux doge François Foscari. A l'imitation de Sanudo, Fra Mauro représente l'Afrique se terminant en pointe (²), mais avec plus de précision et se rapprochant davantage de la forme actuellement connue ; la voie de l'Inde par mer, en doublant ce cap extrême, y paraît naturellement indiquée. « Les républiques italiennes, » dit M. Jules Marcou, « Venise, Gênes, Pise, avaient un très grand » intérêt à connaître toutes les découvertes maritimes faites » par les gouvernements espagnols et portugais. Bien qu'il y » eut défense *sous peine de mort* d'exporter les cette sortie » cartes des découvertes géographiques, et que pour empêcher » on eut soin de tenir ces documents enfermés sous des clefs » différentes, mises entre les mains de trois ou quatre » personnes, ces républiques, dont nous parlons, trouvaient » pourtant le moyen d'obtenir les renseignements importants » qu'elles désiraient. Elles employaient pour cela des agents » spéciaux ou des diplomates, comme Laurenzo Cretico, Vicenco » Quirini, Angelo Trevigiano, Gerolamo Priceli, etc., qui » s'adressaient naturellement, soit en secret, soit ouvertement, à » leurs compatriotes, Colombo, Vespucci et Pierre Martyr. » L'un se vante dans ses lettres d'être grand ami de Colombo

---

(1) Son véritable nom serait, d'après le cardinal Zurla, *Louis du Mosto*.
(2) Qu'il désigne sous le nom de pays de *Diab*.

» et d'obtenir de lui une carte des nouvelles terres ; l'autre
» copie secrètement les manuscrits de Pierre Martyr. » Ca da
Mosto fut-il un de ces agents secrets de la république de Venise,
entré au service du roi de Portugal, dans le but de connaître
l'ensemble des découvertes, qui commençaient à faire du bruit?
On est tenté de le croire, car le premier il a écrit l'histoire
de ces découvertes. Ou bien, passionné pour les études géographiques, se fit-il admettre au service de Portugal uniquement dans l'espoir d'illustrer son nom, en faisant valoir des
connaissances acquises par l'étude de la carte de Fra Mauro,
qu'il avait connue dans sa patrie, à Venise? On savait que
cette carte avait été dressée avec grand soin, d'après tous les
documents recueillis par la république de Venise....

Quoi qu'il en soit de ce problème historique, il est avéré que
Ca da Mosto et Usidomare descendirent, en 1455, le long des
côtes de Guinée jusqu'au *Rio Grande* (11° 30' de lat. N.) et même
probablement au delà, et qu'en 1456 Ca da Mosto poussé par
la tempête vers la pleine mer, alla échouer sur l'*île de
Boavista* (Belle Vue, qu'il nomma St.-Christophe), de l'*Archipel
Caboverdien*. Il rentra en Portugal avec empressement pour
annoncer cette heureuse découverte au roi Alphonse V et à
Don Henri.

Les voyages de Ca da Mosto eurent pour la science deux
résultats principaux très sérieux :

D'abord la découverte d'un Archipel nouveau, les *îles Sous
le Vent* (Solavente) dont quatre ans plus tard (en 1460) le
Génois Antonio Noli acheva la reconnaissance et où il trouva
successivement : l'*île de Maio* (Primavera ou fleur de Mai,
actuellement l'*île de Mai*), l'*île San-Thiago* (St.-Jacques),
l'*île San-Filippo* (actuellement *île Fogo* ou *île de Feu*) et
l'*îlot do Sal* (*du Sel*). — La découverte du complément de
l'archipel Caboverdien, formant ce qu'on nomme les *Iles au Vent*
(Barlovente) : *San-Nicolao* (St.-Nicolas), *Santa-Luzia* (Ste.-
Lucie), *San-Vicente* (St.-Vincent), *San-Antonão* (St.-Antoine),

les *îles* dites *sèches, Branco* et *Razo* et l'*île Brava* (sauvage)
n'eut lieu que plus tard, à une date qui reste inconnue de
même que les auteurs de la découverte ([1]).

Le second fait capital fut la conviction que Ca da Mosto
acquit, en visitant les côtes de Guinée et constatant leur direction
s'infléchissant visiblement vers la *Sirocco*, (c'est-à-dire le
sud-est,) au lieu de descendre au sud, qu'on pouvait espérer
atteindre promptement l'Inde. Enthousiasmé de cette constatation, Alphonse V s'empressa, d'après les conseils de Ca da Mosto,
d'envoyer à Venise une carte des découvertes portugaises,
sollicitant en échange du doge Toscani l'autorisation de faire
exécuter à ses frais une copie de la carte de Fra Mauro. Cette
demande fut agréée par le sénat de Venise et les comptes
du couvent de Murano établissent que la copie fut exécutée
de 1447 à 1459, par le dessinateur André Biancho et le peintre
Francisco de Cherso. La carte fut livrée au roi de Portugal
le 24 août 1459 par le Vénitien Stefano Trevisan. Cet événement
mémorable fut consacré par une médaille frappée en l'honneur
de « *l'incomparable cosmographe Fra Mauro*. » Le crédit
ouvert par Alphonse V pour exécuter la copie de la carte de Fra
Mauro fut si généreux, que Venise put également faire copier pour
elle-même, sans bourse délier, la *mappemonde de Fra Mauro*,
copie qui existe encore au palais des dogès de Venise ; cette
copie fut terminée après la mort de Fra Mauro en 1459 et
demeura dans une caisse fermée sous la garde du cardinal Mafeo
Gerardo, abbé du monastère de Murano, jusqu'en 1466, époque
où elle fut exposée publiquement dans l'église du monastère
jusqu'en 1655. Depuis elle a été transférée dans la bibliothèque
de Ste.-Marie de Venise.

En 1462 Pedro de Cintra et Suero da Costa dépassant Sierra
Leone, s'avancèrent jusqu'au *cap Mansurado* (6° de lat. N.)
et confirmèrent la prévision de Ca da Mosto sur la direction

[1] Un édit de 1489 confère au duc de Beja, plus tard roi Manoel, la
souveraineté des *îles Sous le Vent et du Vent.*

Archipel CABOVERDIÈN

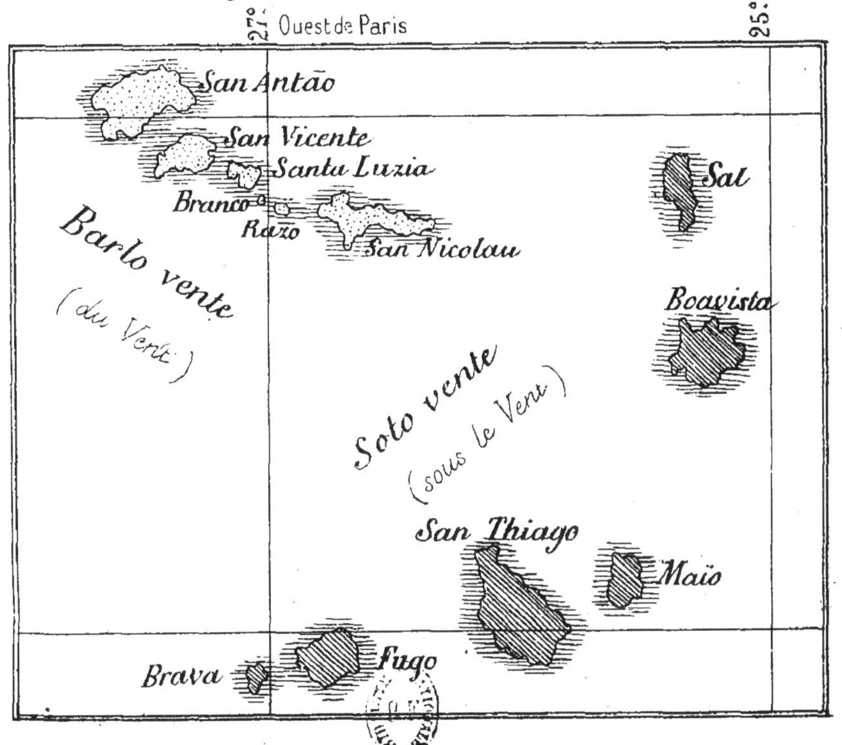

de la côte de Guinée. Ce voyage fut le dernier entrepris sous la direction du prince Henri.

L'Infant mourut à Sagres en 1463, suppose-t-on, d'après un décret du roi Alphonse V daté d'Evora le 3 décembre 1463, par lequel il donne à son frère Don Fernando « les îles qui avaient » appartenu à leur oncle, l'Infant Don Henri *récemment* » *décédé*, » c'est-à-dire, les *îles Sous le Vent* ([1]). Si sa mort fut obscure, au point que la date n'en est pas exactement parvenue jusqu'à nous, il a laissé dans l'histoire de la géographie une trace lumineuse que consacre son surnom de *Henri le Navigateur*. S'il n'a pu réaliser le but de ses efforts, il eut du moins, par la communication de la carte de Fra Mauro, l'heureuse conviction avant de mourir que le résultat ne se ferait plus attendre. Son œuvre fut en effet continuée par ses neveux, le roi Alphonse V et Don Fernando, son successeur dans l'ordre du Christ.

Malgré leur succès les expéditions maritimes du Portugal demeurèrent quelques années suspendues à la suite de la mort du prince Henri, de la guerre du Maroc et des différends avec la Castille.

En 1469 cependant Don Joao, qui prenait un intérêt particulier aux expéditions d'Afrique, décida le roi son père à affermer pour cinq ans le commerce d'Afrique à un commerçant de Lisbonne nommé Gomez « sous condition que » dans chacune de ces cinq années, il serait obligé de décou- » vrir au moins cent lieues de côtes au delà de Sierra Leone. » Une expédition dirigée par Joao de Santarem et Petro de Escalone, tous deux gentilhommes du roi, fut envoyée en Guinée aux frais de Gomez, et reconnut la côte jusqu'au *cap de Palmes* (4° lat. N.) et au *cap Lopez* (Sainte-Catherine 0° 6' lat. Sud), puis découvrit successivement les îles *Hermosa* (la belle, depuis nommée Fernando-Po, du nom du voyageur qui la visita en 1486), *San-Thomé* (St.-Thomas), *Anno-bon* (bonne

______

(1) Cette date demeure incertaine et beaucoup d'auteurs portugais admettent celle de 1460 pour la mort du prince Henri.

année, découverte le 1er janvier 1472) et *Principe* (dont l'ensemble est souvent désigné sous le nom d'*Archipel de Guinée*).

Après sa défaite par le roi Ferdinand de Castille à la bataille de Touro en 1476, le roi Alphonse se rendit en France pour solliciter des secours de Louis XI, laissant le gouvernement à son fils aîné, Don Joao. Parfaitement reçu, mais en réalité éconduit par le cauteleux souverain des Français, Alphonse en conçut un tel chagrin qu'il résolut un instant de se retirer dans un ermitage à Jérusalem et ne revint en Portugal qu'à la sollicitation de ses sujets ; il ne tarda pas à mourir, en 1481. Son fils Jean II, qui lui succéda, ajouta à ses titres royaux celui de *seigneur de Guinée* et, afin d'assurer son autorité dans ce nouveau gouvernement, il envoya Diego de Azumbuja avec mission d'y construire, à l'embouchure du Rio-Cestos, où dans les expéditions précédentes on avait recueilli de la poudre d'or, un fort qui reçut le nom de *Saint-Georges de la Mine* (Sào-Jorge de la Mina) ou plus simplement *Elmina*.

En 1484, deux nouvelles expéditions partirent du Portugal pour la côte d'Afrique. — L'une, commandée par Diego Cam (ou Cano), atteignit à l'embouchure du Zaïre (ou Congo) et y planta à l'extrême pointe du sud un *padron*, ce qui lui valut le nom de *cap Padron* (6°8' lat. sud). Ce *padron* a été retrouvé en 1887 par M. de Schwerin, sur la pointe que les Anglais ont nommée *Shark point* ou *Pointe des Requins* ; il est encore considéré par les indigènes comme *fétiche*. Cam prolongea sa route au sud et atteignit au *cap Ste.-Marie* (ou St.-Augustin, 13° 27' lat. sud) et au *cap Cross* (21° 50' lat. sud). Il ramena un grand nombre d'indigènes qu'il se proposait de faire baptiser en Portugal, afin de civiliser par eux les indigènes de l'Afrique. — La seconde expédition commandée par João Affonso d'Alveiro était accompagnée du géographe allemand Martin Behaim. Cette expédition visita Elmina, toucha terre au cap Padron récemment visité par Cam et érigea, en se prolongeant au sud, un padron près du *cap Negro* (15° 40' lat. sud), à l'embouchure d'une rivière

Archipel de GUINÉE.

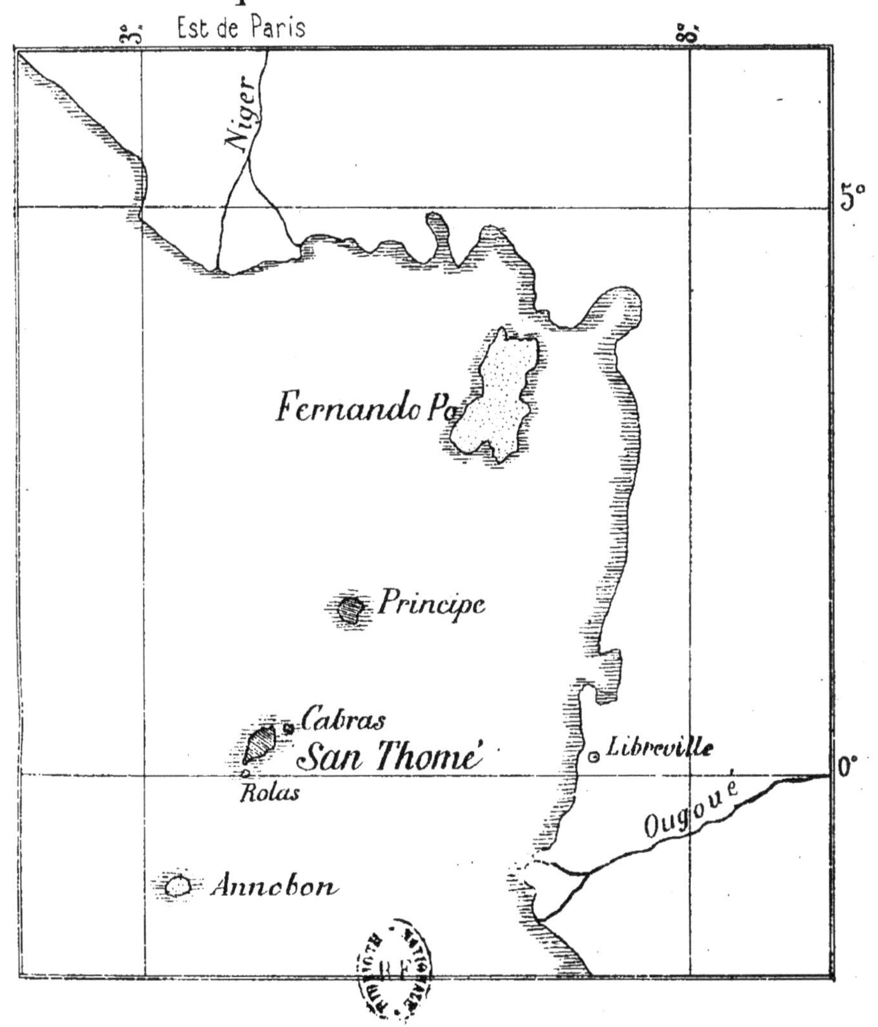

qui reçut de Behaïm le nom de *Rio dos Flamingos* (*rivière des Flamands*) conservé encore sur les cartes portugaises, et un second padron au cap *Bartholomeo Viego*, actuellement cap *Frio* (18° 24' lat. sud).

Le 2 août 1486 une expédition commandée par un vétéran des mers de Guinée, Bartholomeu Diaz, chevalier attaché à la maison du roi, composée de trois bâtiments à voiles, partit de Lisbonne avec la mission de chercher à gagner plus au sud encore que les précédentes. Le bâtiment sur lequel Diaz, *capitan-mor* ou chef de l'escadre, avait arboré son pavillon, portait le pilote Pero d'Alanquer et avait pour capitaine Laïtâo ; le second bâtiment était commandé par Joam Infante : enfin le troisième, de petit échantillon, était dirigé par Pero Diaz, le frère du chef, « *tous hommes fort experts dans leur art* » dit Barros. L'escadre dépassa le Zaïre, longeant la côte jusqu'à un mouillage qu'elle nomma baie *das Voltas* (fleuve Orange 28° 40' S.) où, assaillie par une violente tempête, elle prit la résolution de gagner la haute mer pour échapper aux dangers des récifs. Diaz laissa dans ce mouillage la plus petite de ses caravelles sous la garde de matelots, courut des bordées à l'ouest pendant 13 jours et descendit jusqu'à 42° 54' au sud, puis se décidant à regagner vers l'est, il aborda à une baie qu'il nomma *baie dos Vaqueros* (des vaches, cap Vacca, 34° 21' lat. sud) à cause de ses nombreux troupeaux, et séjourna dans la baie voisine de *San-Bras* (Mossel Bay, 31° 11' lat. sud) pour gagner ensuite la *baie d'Algoa* (Port Elisabeth, 33° 44' lat. sud), où un *padron* fut planté dans l'île de *Santa-Cruz*. Diaz constatait avec un vif étonnement qu'il avait dépassé le cap sud de l'Afrique et que la côte, à partir du point où il se trouvait, remontait vers le N.-E. Il désigna ce cap sud, auquel il n'avait pu toucher, sous le nom de *cap des Tempêtes* ou *des Tourmentes* (*cabo Tormentoso*) en souvenir des gros temps qu'il avait essuyés avant de le doubler. Le chef de l'expédition voulait poursuivre sa magnifique découverte, mais ses équipages épuisés par la lutte contre les éléments, par la rareté des vivres, refusèrent absolument d'aller plus loin ; tout ce qu'il put obtenir fut un délai de trois jours, avant de reprendre la route de l'Europe. Il utilisa ce temps pour s'élever encore le long de la côte jusqu'à une rivière qu'il nomma *Rio-Infante* (Great Fish river, 33º 30' lat. sud), du nom de son second. « Lorsqu'il se sépara, » dit Barros, « du pilier (padron) qu'il avait élevé dans » l'île Santa-Cruz, ce fut avec un tel sentiment d'amertume, » une telle douleur, qu'on eut dit qu'il laissait un fils exilé à » jamais, surtout quand il venait à se représenter combien de » périls lui et ses gens avaient courus, de quelle région lointaine » il leur avait fallu venir, uniquement pour y planter une borne, » puisque Dieu ne leur avait pas accordé le principal. » Il retourna sur ses pas et après avoir visité le cap des Tempêtes, remonta la côte occidentale, recueillant en passant l'équipage de la caravelle qu'il avait laissée au cap das Voltas : le navire lui-même, reconnu désormais impropre au service, fut brûlé. Diaz gagna alors l'établissement d'Elmina, où il embarqua un important chargement de poudre d'or et rentra à Lisbonne en décembre 1487.

Au récit de ce voyage le roi Jean II, jugeant le problème de la route de l'Inde définitivement résolu, donna au cap des Tempêtes le nom de *cap de Bonne-Espérance* (34º 8' lat. sud au *cap Point* et 34º 51' au *cap des Aiguilles*), en présage de l'espoir que la découverte de Diaz faisait concevoir. « A « Dieu ne plaise », dit-il, « qu'il conserve un nom de si « mauvais augure! Qu'il soit appelé cap de Bonne-Espérance! » Chose inexplicable, non seulement Diaz n'obtint aucune récompense pour son hardi voyage couronné de succès, mais il paraît même avoir été disgracié, car pendant près de dix années il cessa d'être employé, on ne sait pourquoi. Ayant fait ensuite partie d'une expédition au Brésil, en 1500, son vaisseau périt au retour, corps et biens avec quatre autres, près du cap de Bonne-Espérance, ce qui fait dire par Camoëns au génie des tempêtes : « Je ferai un exemple terrible de

« la première flotte qui passera près de mes rochers et
« je signalerai ma vengeance sur le premier qui m'est venu
« braver dans ma demeure. »

Avant même le retour d'Afrique de Diaz, le roi Jean II, dans son impatience de découvrir la route de l'Inde, envoya par terre au Caire et à Aden deux gentilshommes de sa maison, Alfonso de Païva et Pero Corvilham, qui tous deux avaient fait la guerre en Afrique et possédaient parfaitement l'arabe ; ils avaient mission de visiter les côtes est et ouest de la mer des Indes et de se renseigner près des caboteurs arabes sur la possibilité de trouver un passage par le sud de l'Afrique. Ils partirent en 1487. Pero de Corvilham s'embarqua sur un boutre arabe et toucha l'Asie à Cananor, puis se rendit à Calicut et à Goa (Malabar par 11° de lat. N.), enfin traversant la mer il revint à Sofala sur la côte orientale de l'Afrique (20° lat. sud) et rentra au Caire. Il y apprit la mort de son compagnon Païva. Après avoir informé le roi de Portugal des renseignements favorables qu'il avait recueillis, sur le moyen de contourner l'Afrique par le sud, Pero résolut, avant de reprendre le chemin de sa patrie, d'achever la mission dévolue à Païva. Arrivé à la cour du Négus d'Abyssinie, il fut parfaitement accueilli, ainsi qu'on l'apprit plus tard par un Juif qui en était revenu, mais sans que le Négus consentit jamais à le laisser rentrer dans son pays. Un voyageur du XVI° siècle prétend que Corvilham vivait encore en 1515 en Abyssinie.

Le projet d'une dernière expédition vers l'Inde dont le succès semblait certain, devint alors l'objet des études d'une junte de mathématiques, mais il ne fut pas donné à Jean II, dit le *Parfait*, de le réaliser. Ce prince mourut en 1495 ; son fils légitime Alphonse étant mort d'une chute de cheval, son cousin Emmanuel, duc de Beja, petit-fils du roi Edouard, lui succéda.

L'expédition vers l'Inde fut définitivement organisée en 1497. Les navires furent construits sous la direction de Bartholomeu Diaz, dont l'expérience fut mise à profit. Ils étaient exécutés de manière très solide et d'une forme telle, dit Pacheco,

» qu'ils puissent entrer et sortir prestement partout. » On les avait pourvus d'une triple rechange de voiles, d'approvisionnements et d'artillerie en abondance et le personnel en avait été formé des meilleurs matelots et des plus habiles pilotes.

Au moment du départ Diaz, qui en raison de ses services passés, espérait avoir la direction de l'expédition, eut la profonde désillusion de se voir préférer un rival. Le commandement de l'escadre fut confié à Vasco de Gama, chevalier de l'ordre du Christ, marin et cosmographe instruit, qui jouissait d'un grand crédit à la cour (1). La flotte se composait de trois navires et d'un transport. Vasco de Gama commandait le premier, secondé par le pilote Pedro de Alemquer qui avait accompagné Bartholomeu Diaz, et du frère de celui-ci Diego Diaz ; le second était commandé par Paulo de Gama, le frère du *capitan-mor*, avec João de Coïmbra comme pilote ; le troisième était commandé par Nicolas Coelho, avec Pedro de Escollar comme pilote ; enfin le transport était sous les ordres de Pedro Nunez, un serviteur de Vasco de Gama (2). La flotte partit de Lisbonne le 4 novembre 1497, accompagnée d'un navire commandé par Bartholomeu Diaz, qui la quitta au cap Vert pour se rendre à Elmina, sous l'impression douloureuse

(1) La famille de Gama appartenait à une branche illégitime de la maison royale, issue du roi Alphonse III. Le père de Vasco, Estevan Eanez de Gama, occupait une grande charge de cour. Vasco naquit à Senes (à 24 lieues de Lisbonne) en 1469, croit-on, mais cette date est douteuse. Après avoir fait son éducation de marin, comme tous les gentilshommes, il s'était acquis par lui-même une grande réputation dans les mers d'Afrique et fut chargé notamment de saisir tous les navires français dans les ports du Portugal, en représailles de la capture d'un galion chargé d'or, par un corsaire français. Il montra dans cette mission délicate beaucoup de résolution et d'énergie et reçut les éloges du roi. L'affaire n'eut aucune suite, le galion ayant été restitué.

(2) L'escadre comprenait :

Le Sam-Gabriel (120 tonneaux, — vaisseau amiral, cap. gen. Vasco de Gama).

Le Sam-Raphaël (100 tonneaux. — cap. Paulo de Gama).

Le Berrio (50 tonneaux. — cap. Nicolas Coelho).

Un transport (cap. Pedro Nunez) abandonné dans la baie de San-Bras).

de ne pouvoir achever la grande œuvre dont il avait assuré le succès, honneur réservé à un autre plus heureux. Vasco de Gama continua sa route et fit aiguade à la *baie de Santa-Ellena* (32° 40' lat. sud) un peu avant d'atteindre au cap de Bonne-Espérance.

D'après les conseils de Pero Alemquer la flotte gagna le large, afin d'éviter les périls redoutés du passage du cap, et alla atterrir à la *baie de San-Bras,* où l'on répartit les approvisionnements du transport sur les autres navires. A la Noël Vasco atteignit Natal (Durban, 29° 50' lat. sud), qu'il nomma la *Terre des bonnes gens* (Terra da boa gente). La flotte dépassa Sofala sans l'apercevoir et cinglant toujours vers le nord-est, elle toucha à *Mozambique* (14° 49' de lat. sud), où d'abord bien accueillie, elle faillit être pillée par les Maures lorsqu'ils s'aperçurent que les équipages n'étaient pas musulmans ; après avoir longé Zanzibar, elle gagna *Mombaz* (4° 4' lat. sud), où elle échappa heureusement aux embûches qu'on lui tendait ; *Melinde* (3° 12' lat. sud), où le cheik lui donna un pilote chrétien, nommé Malemo Cana ou Canaca, qui lui permit d'aborder en Asie à *Calicut* (11° 15' lat. N.), le 20 mai 1498. Telle était l'ignorance des Espagnols sur cette contrée, qu'à peine à terre ils se rendirent dans le temple hindou rendre grâces à Dieu de l'heureux succès de leur voyage, se croyant dans une église chrétienne. Un seul d'entre eux, João da Sà, eut un doute à cause de la laideur d'une image qu'il s'imaginait représenter la vierge Marie (c'était la déesse Maha-Madja), et s'agenouillant il dit : « Si cela est un diable, je n'entends toutefois adorer qu'un vrai Dieu ! ».

Vasco de Gama se hâta de regagner l'Europe pour y annoncer le succès de son voyage. Le retour se fit dans les conditions les plus pénibles ; retenu par son frère Paul de Gama, le fidèle compagnon de ses travaux qui était mourant, il fut devancé à Lisbonne par l'un des capitaines de sa flotte, Nicolas Coelho, revenu dès le 10 juillet 1499. Lui-même conduisit son frère aux Açores, et après avoir reçu son dernier soupir, il ne put gagner Lisbonne que le 29 août 1499. Néanmoins, la population

l'accueillit avec la plus vive allégresse. Le roi Manoel lui
conféra le titre d'amiral des mers de l'Inde, de comte de
Vidiguiera et le droit de prendre la particule *dom*, ce qui était
considéré comme un honneur insigne. La nouvelle de la
découverte fut notifiée à toutes les villes et bourgades du
royaume et au Saint-Père (¹). Le roi lui-même reçut de

(1) Le tableau suivant résume l'histoire de ces découvertes.

1415. CRÉATION DE L'ÉCOLE DE SAGRES PAR L'INFANT DON HENRI.
    Le *cap Bojador*, 26° 6' lat. N. (Zarco et Tristam Vaz).
    Madère (id.)
1424. Les Canaries (Fernand de Castro).
1431. Les Açores (Velho Cabral).
1433. Le cap Bojador (Gill Eanez).
1434.   id.   (id.)
1335.   id.   (Eanez et Baldaya).
1436. *La baie de Garnet*, 25° 10' N. (id.)
1441. Le Rio de Ouro, 23° 30' N. (Gonçales et Nuno Tristam),
    Le cap Blanc, 20° 46' N.
1446. *Le Sénégal Fl.*, 16' 5' (Diniz Fernandez).
1447. *Le cap Vert*, 14° 43' (id.)
    Le Rio Grande, 11° 30' (Nuno Tristam).
1448. *Sierra Leone*, 9° (Alvaro Fernandez).
1456. Archipel Caboverdien (Ca da Mosto).
1463. *Cap Mansurado*, 6° N. (P. da Cintra et S. da Costa).
1463. MORT DE L'INFANT HENRI.
1469. Cap des Palmes, 4° N. (J. de Santarem et P. de Escalone).
    Cap Lopez, 0° 6' S. (id.)
    Archipel de Guinée (id.)
1484. Le Zaïre (Congo), 6° 8' S. (D. Cam, J. d'Alveiro, Behaïm).
    Ste.-Marie, 13° 27' S. (id).
    Cap Negros, 15° 40' S. (id.)
    Cap Frio, 18° 24' S. (id.)
    Cap Cross, 21° 50' S. (id.)
1486. Le fleuve Orange, 28° 40' S. (Bartholomeu Diaz).
    Le cap de Bonne-Espérance, { 34° 8' S. / 34° 51' S. } (id.)
    Le cap Vacca, 34° 21' S. (id.).
    Mossel Bay, 34° 11' S. (id.)
    Port Elisabeth, 33° 44' S. (id.)
    Great Fish River, 33° 20' S. (id.)

son peuple le surnom de Manoel le Grand ou *le Fortuné*.

Vasco de Gama fit une seconde expédition à Calicut de 1502 à 1503, d'où il ramena une flottille de treize vaisseaux chargés de grandes richesses.

A partir de ce moment Vasco de Gama, comme Diaz, tomba dans la disgrâce de la cour. Cependant Jean III répara cette injustice en le nommant, en 1584, vice-roi des Indes. L'illustre marin mourut peu de temps après son arrivée. « Chose étrange ! » dit M. Charton, « plus d'un demi-siècle » devait s'écouler avant que l'Europe connût les détails de cette » expédition mémorable. Pour consacrer sa gloire, il fallait » que Costanheda, Barros et Camoëns unissent leurs voix. Il ne » devint réellement populaire que lorsque le poète l'eut chanté. »

Le rêve entrevu deux siècles auparavant par Marino Sanudo était réalisé ! (¹) La *route de l'Inde* recherchée pendant plus de 80 années par le prince Henri, avec une admirable ténacité et avec une méthode presque mathématique, était trouvée. Une ère d'immense prospérité s'ouvrait pour Lisbonne et le Portugal. Dans son enthousiasme le poète Obras Gil Vincente s'écriait :

> « Avante, avante Lisboa !
> » Que por tado o mundo soa
> » Tua prospera fortuna !

(En avant, en avant Lisbonne ! car ta fortune prospère résonne dans le monde entier !)

1497. Baie de Ste.-Hélène, 32° 40' S. (Vasco de Gama).
Cap de Bonne-Espérance (id.)
Mossel bay (id.)
Natal, 29' 50' S. (id.)
Mozambique, 14° 49' S. (id.)
Mombaz, 4° 4' S. (id.)
Melinde, 3° 12' S. (id.)
Calicut, 11° 15' lat. N.

(1) Il faillit l'être complètement lorsqu'en 1515, le grand d'Albuquerque proposa de construire un canal de jonction entre la mer Rouge et la Méditerranée.

CHAPITRE VII.

Les successeurs du prince Henri.

Dans la correspondance empreinte de mysticisme que Christophe Colomb entretenait avec la reine Isabelle sa protectrice, il lui racontait, après sa découverte de l'Amérique, une vision qu'il avait eue, dans laquelle une voix céleste lui disait : « L'Océan était fermé, il y avait un monde à découvrir. Je t'en ai donné les clefs ! » A bien plus juste titre, le prince Henri pouvait invoquer les enseignements de la voix mystérieuse, ainsi que le remarque M. Denis, car non seulement il fonda la grandeur coloniale de sa patrie en provoquant d'immenses découvertes, mais il lui prépara une gloire incomparable par le progrès de la science navale et des sciences géographiques ; « il brisa les chaînes » qui eussent arrêté Colomb et Vasco de Gama. »

Au début de la carrière de l'illustre Infant, les navigateurs demeuraient en quelque sorte liés aux côtes, comme nous l'avons vu, par la terreur de la haute mer, de la *mer Ténébreuse*, terreur d'autant plus puissante sur des marins disposés à la crédulité, qu'elle était sans doute exploitée habilement dans l'intérêt du *secret commercial*. Tout d'abord par la création de son *école de navigation*, à la direction de laquelle il appela les pilotes les plus expérimentés de son temps, l'Infant s'efforça d'inspirer confiance aux navigateurs dans l'efficacité des instruments destinés à guider leur route. Ensuite, réunissant autour de lui un conseil de savants, l'*Académie de Sagres*, il perfectionna les cartes du monde connu et recueillit des documents ignorés qui lui permirent d'indiquer d'une manière précise les routes à suivre, pour atteindre les îles dont l'existence semblait problable. Usant à la fois du pouvoir militaire et religieux qu'il possédait sur les chevaliers de l'ordre du Christ, il leur imposa de suivre ces routes et le succès de son labeur fut la découverte des Açores, de Madère, des Canaries. Dès lors le prestige de son habile direction grandit ; il put entreprendre la recherche de la *route hypothétique des Indes* ; la *navigation hauturière* se substitua à la *navigation côtière* ou *cabotage*.

Néanmoins il restait de grands progrès à accomplir dans cette voie. Les seules cartes marines en usage étaient des cartes plates ou *portulans*, c'est-à-dire supposées tracées sur le plan tangent au globe et qui, par conséquent, ne se confondaient avec sa superficie courbe que dans une faible étendue et devenaient de plus en plus défectueuses, à mesure qu'on s'écartait du point de tangence. Pour se guider dans la route, on se servait de la *boussole* (¹) qui donnait la direction parcourue

(1) Les propriétés de la *boussole* étaient connues en Chine à une époque très reculée. Klaproth en a retrouvé la description dans un ouvrage chinois écrit sous la dynastie de Sung, par Ken-Zung-Schi vers 1111. Elle paraît avoir été importée en Europe, soit par les navigateurs arabes, soit par des voyageurs tels que Marco-Polo, qui s'étaient rendus en Asie. Dans sa forme primitive, que nous décrit sous le nom de *rainette* Jacques de Vitry en 1240 et après lui Vincent de Beauvais, elle consistait en une aiguille aimantée supportée par un fétu de paille, qui flottait sur un vase plein d'eau et se dirigeait constamment vers le pôle magnétique. Appropriée à l'usage de la navigation, on la nomma aussi *marinette* ou *marinière*. Plus tard, vers 1300, elle fut perfectionnée en Italie, peut-être par Flavio de Goja d'Amalfi, auquel les Italiens en attribuent l'invention. On imagina de suspendre l'aiguille horizontalement en équilibre sur un pivot vertical dans une boîte *(bussala)*, d'où est venu le nom moderne de *boussole*. Si autour du pivot ou support vertical, on applique sur la boîte un cercle gradué, dont il forme le centre, il devient facile de déterminer l'angle que forme la direction suivie par le navire avec celle du méridien magnétique ; de là le nom de *compas de mer* également donné à cet instrument.

La graduation du cercle adoptée est celle de la *rose des vents*, comprenant

sous l'influence du gouvernail, et du *loch* ([1]) qui permettait de mesurer l'étendue parcourue. A l'aide de cette double observation, il était possible de tracer sur la carte, avec assez d'exactitude, le chemin parcouru, de *faire le point* suivant l'expression moderne, et de connaître à chaque instant le position exacte du navire sur la mer. Une ordonnance du roi d'Aragon de 1359 imposait l'obligation d'emporter sur chaque galère *deux exemplaires* des portulans de la mer qu'elle se proposait de

32 angles différents désignés d'après leur position par rapport aux quatre points cardinaux. A l'aide du gouvernail, considéré comme le *timon* du navire, il est toujours aisé de la diriger dans une direction déterminée, indiquée par la boussole, direction que l'on nomme *rumb de vent*. (Le mot *rumb*, emprunté au grec, signifie *timon*).

(1) La vitesse d'un navire au temps de Magellan s'observait encore, suivant de Humboldt, *à l'œil* (*à ojo*) c'est-à-dire par une estime grossière. « Pour connaître la vitesse d'un navire » dit en 1606 André Garcia de Cespedes, « le pilote doit marquer d'heure en heure sur son livre en se » servant d'un *sablier* (*ampoletta*), la distance franchie par le vaisseau. » Pour cela il doit savoir que la plus grande distance qu'un navire puisse » parcourir en une heure, est de quatre milles, et que si le vent est faible » il n'en peut franchir que trois, ou même seulement deux. » Cette estimation de la vitesse du navire, basée sur l'appréciation de la vitesse du vent, était nécessairement très arbitraire et le pilote Pedro de Medina de Séville la qualifiait en 1545, de *pure fantaisie (echar punto pur fantasia).* — Il paraît cependant que dès cette époque on connaissait des procédés plus exacts pour mesurer cette vitesse ; Vitruve décrit un véritable *odomètre* consistant en une roue à ailettes qui, fixée au flanc d'un navire, permet de mesurer, par le nombre de tours dans un temps déterminé, la vitesse de sa marche dans l'eau, de même que placée sur le pont elle permet également de constater la vitesse du vent qui la fait tourner. — Le *loch* moderne consiste en un petit flotteur en bois, attaché à une corde divisée par des nœuds à des intervalles déterminés et réguliers. Si l'on jette le flotteur à l'eau et qu'on laisse se dérouler la corde, il demeure stationnaire, tandis que la vitesse du navire est accusée par le nombre des *nœuds* déroulés dans une durée de temps déterminée. L'usage du *loch*, désigné par les Espagnols sous le nom de *corredera*, parait ne dater que du XVI° siècle et être d'origine hollandaise. Plusieurs anciens auteurs espagnols parlent de la « *corredera de los Holendeses.* »

visiter, afin de pouvoir contrôler le tracé de la route par des observations contradictoires.

Mais à mesure qu'on s'écartait du centre de ces cartes plates, les erreurs s'accroissaient par l'imperfection des cartes elles-mêmes. Aussi lorsque les voyages prirent plus d'extension, on reconnut l'insuffisance de ces méthodes. Une circonstance heureuse et inattendue vint imprimer sous ce rapport une direction nouvelle aux travaux du prince Henri, toujours à l'affût du progrès scientifique.

Le mouvement géographique qui commençait à s'accentuer dès la fin du XIV siècle, ramena les esprits vers l'étude de la géographie de Ptolémée, dont on retrouva d'assez nombreux exemplaires à Venise, au Vatican et probablement même en Espagne. A l'invitation du savant cardinal vénitien Pierre Bembo, un moine grec, Manouël Chrysoloras (mort en 1415), en avait commencé une traduction latine, lorsqu'il apprit que le moine florentin Jacques Angelo, plus capable que lui de conduire ce travail à bonne fin, s'en occupait également. Chrysoloras y renonça et la traduction d'Angelo, présentée au pape Alexandre V en 1405, circula en copie dans toute l'Europe.

A la même époque, Pierre d'Ailly *(Petrus de Alliaco)* né à Compiègne suivant les uns, suivant d'autres à Abbeville, en 1350, et qui, en sa qualité d'évêque de Cambrai, appartenait à la Belgique, écrivait son traité de l'*Image du Monde (Y-magine Mundi)*. Devenu cardinal, d'Ailly fit de fréquents séjours en Italie et y prit connaissance de la traduction de Ptolémée faite par Angelo, à l'aide de laquelle il compléta son œuvre personnelle en 1412 ou 1413. Alexandre de Humboldt prétend que Christophe Colomb emportait un exemplaire de l'ouvrage du cardinal d'Ailly dans tous ses voyages et Poggendorf va jusqu'à affirmer que c'est à d'Ailly que Colomb dut la première idée de rechercher la route de l'Inde par l'ouest.

Les travaux de Fra Angelo et du cardinal d'Ailly eurent pour résultat de réveiller l'œuvre Ptoléméenne, alors très oubliée, d'abord en Italie, puis surtout en Allemagne, où pour la cosmographie, « le *divin* Ptolémée » fut élevé à l'égal d'Aristote. On reprit son système de construction de cartes, basé sur la *détermination des lieux par leur latitude et longitude ;* les cartes furent chargées d'un *quadrillage de parallèles et de méridiens* servant à fixer la position relative des lieux.

Les méthodes géométriques et cosmographiques de Ptolémée répondant au génie des savants allemands, naturellement portés vers l'étude de l'astronomie, beaucoup d'entre eux s'appliquèrent à les perfectionner et à rechercher des méthodes astronomiques propres à déterminer avec précision, les deux coordonnées géométriques qui fixent la position d'un point sur la surface du globe. Parmi ces chercheurs il faut citer : Nicolas de Cusa *(Crebs),* qui reçut ce nom du village de Cuss ou Cues sur la Moselle (non loin de Trèves) où il était né en 1401, et fut successivement curé à Coblentz, chanoine à Liège, légat à Constantinople, évêque de Brixen et mourut cardinal à Tondi en 1464. — Georges de Puerbach *(Purbacchius),* né à Puerbach en Bavière, qui professa l'astronomie à Vienne où il mourut en 1462. — Jean Muller *(Regiomontanus)* son élève, né à Kœningshoven en Franconie en 1436, qui succéda à Puerbach dans sa chaire d'astronomie de Vienne, devint évêque de Ratisbonne et appelé à Rome par le cardinal Bassarion, y mourut en 1476 ([1]). — Enfin Paolo del Pazzo Toscanelli,

---

(1) Regiomontanus publia un abrégé de l'*Almageste* de Ptolémée et fut assassiné, dit-on, par le fils de Georges de Trébizonde, pour venger l'honneur de son père que Regiomontanus avait accusé de plusieurs fautes de traduction latine. — Regiomontanus, qui pratiquait l'astrologie, publia à Nurenberg un livre de *Prédictions* en renfermant une fort singulière : « Après qu'il » se sera écoulé, depuis la naissance du fils de la Vierge *1788 années,* il » en paraîtra une de remarquable, entraînant avec elle comme un torrent » les destinées les plus funestes. Si dans cette année l'univers entier ne » périt pas, si le terre et l'Océan ne retombent pas dans le néant, du » moins les empires les plus puissants seront bouleversés de fond en » comble ».

né à Florence en 1397 et mort en 1483, auquel Regiomontanus dédia son traité de la quadrature du cercle.

Arrivé à l'âge mûr, le prince Henri avait conservé les habitudes studieuses de sa jeunesse ; il suivait attentivement tous les progrès scientifiques de son temps et fonda, notamment avec son neveu le roi Alphonse V, la célèbre bibliothèque de Lisbonne. Les travaux des cosmographes allemands devaient attirer son attention, comme moyen de rectification pour les observations journalières du *point* déterminé par l'observation du *rumb* de vent et de la *distance* parcourue, méthodes dont on avait reconnu l'insuffisance et l'imperfection. Il introduisit dans la marine l'usage de l'*astrolabe* et la coutume de déterminer chaque jour la *latitude* (¹) par l'observation de la hauteur des astres (²) ; afin de rectifier la position du *point* à l'aide de cette observation, il prescrivit de quadriller les cartes au moyen de *parallèles et de méridiens également espacés*. Une sorte d'intuition mal définie l'amena aussi à substituer aux cartes plates une *carte à développement cylindrique*, analogue à celle préconisée dans l'antiquité par Ératosthème, méthode à laquelle on donne souvent son nom.

L'école de Sagres, à l'époque de la mort du prince Henri (1463), avait pris une tendance scientifique remarquable, développée encore par l'imprimerie, le moyen de vulgarisation par excellence. Les découvertes des Portugais, la renommée de leur école navale, attirèrent à Lisbonne des marins, des aventuriers, des savants de toutes les nations, Italiens, Flamands, Allemands, Français, Norwégiens, Castillans avides de gloire, de richesse et d'aventures. « Mille récits, » dit Michelet, » enflammaient la curiosité, la valeur et l'avarice ; on voulait » voir ces mystérieuses contrées d'Afrique, où la nature avait

---

(1) On ne possédait aucun moyen exact de mesurer la longitude.

(2) La qualification *navigation hauturière* et l'expression *haute mer* dérivent de cette coutume d'observation journalière de la *hauteur* des astres sur les navires, loin des côtes. Elle établit la différence de la grande navigation et la *navigation côtière* ou *cabotage*.

» prodigué les monstres, où elle avait semé l'or à la surface
» de la terre ». Aux Italiens Aloyse Ca da Mosto et Antonio
Noli et au Flamand Jacomo de Bruges (van den Berg), succédèrent
dans la seconde moitié du XVe siècle les Italiens Christophe
et Barthélemy Colomb (Colombo), Amérigo Vespucci, Marc Antonio
Pigafetta, les Allemands Martin Behaïm, Wolf, Holzehöher, le
Français Jean Baptiste (?), le Norwégien Balarte, les Flamands
Jorge d'Utra (Jobst van Huerter), Giacomo da Silveira (Guillaume
van der Haegen), Monteverde (Groenenberg), da Sylva (vanden
Bossche) etc. etc. qui tous jouèrent un rôle dans l'histoire
des découvertes et de la colonisation. Martin Behaïm surtout
occupe une place importante dans l'histoire des progrès de
l'école portugaise.

Martin Behaïm *(Martin de Boëmia)*, né à Nuremberg en
1430, appartenait à une famille patricienne qui pratiquait le
commerce et dont le nom figure souvent parmi les magistrats
de sa ville natale. Il avait reçu une éducation distinguée et
avait étudié la cosmographie sous la direction de Regiomontanus.
Les obligations de son commerce de toile l'entraînaient à de
fréquents voyages qui lui firent parcourir à peu près toute
l'Europe. En 1457, il se trouvait à Venise ; entré en relation
avec Toscanelli, l'ami de son maître en cosmographie, il visita
les grands ateliers cartographiques des frères Antonio et
Sébastien Léonardi, Gracioso et André Benincosa, dont le commerce de Venise répandait les portulans dans le monde
entier. Il visita Vienne, et de 1477 à 1479 se trouvait dans les
Pays-Bas, où il séjourna, à Malines d'abord, puis à Anvers.
Déjà à cette époque les produits de la Guinée, importés par
des navires portugais, le poivre dit *Malaguette* (graine de
paradis), l'ivoire, même la poudre d'or dont la vente produisait
de grands bénéfices, commençaient à arriver dans ce port.
Behaïm, d'humeur voyageuse, résolut d'aller étudier ce commerce sur les lieux mêmes de son origine. Il entra à Anvers
en relation avec des familles flamandes établies aux Açores

(ce qui lui valut en Portugal la qualification de *Flamand)* et muni de leurs recommandations il se rendit à Lisbonne en 1581.

Behaïm fit d'abord de vains efforts pour se faire admettre dans l'une des expéditions tentées par les Portugais sur les côtes d'Afrique ; la doctrine du *secret commercial* subsistait toujours et il n'était pas facile à un étranger de prendre part à un voyage de découvertes. Mais Behaïm, élève de Regiomontanus, était savant en même temps que commerçant, et à cette époque l'instruction nautique était en vogue en Portugal, même dans les familles des plus puissants seigneurs. Afin de s'assurer des protecteurs, il enseigna la cosmographie et apprit notamment la manière de déterminer les latitudes par l'emploi des tables dressées par Regiomontanus, sous le titre d'*Éphémérides astronomiques calculées pour les années 1475 à 1506,* qu'il avait apportées avec lui et dont il introduisit l'usage dans la marine portugaise ; en 1581 Diego de Azumbuja faisait déjà usage de cette méthode pour observer la latitude d'Elmina. Behaïm passait même, à cause de son savoir en astronomie, pour être *nécromancien* comme son maître.

Le succès de son enseignement valut à Behaïm l'honneur d'être désigné avec deux autres cosmographes de réputation, les médecins juifs, maître Rodrigo, médecin de Jean II, et maître Joseph, comme membre d'une *junte de mathématique* chargée de calculer les tables de déclinaison et d'enseigner aux pilotes la manière de calculer la latitude. Behaïm inventa à cet effet l'*astrolabe,* qui, dit de Humbolt, « n'était peut-être que le » météoroscope de son ami Regiomontanus ramené à une com- » position plus simple. »

Grâce à cette fonction officielle, Behaïm réussit enfin à se faire admettre dans l'équipage d'une flotte envoyée en Afrique, probablement en qualité *d'astronome.* « En 1484, » raconte-t-il lui-même, « Don Joâo, roi de Portugal, fit équiper deux » vaisseaux qu'on nomme caravelles, commandés par Diego » Cam et Juan Alfons d'Aveiro, munis d'hommes avec des vivres » et des armes pour trois ans. Il fut ordonné à l'équipage

» de naviguer en passant par les colonnes d'Hercule en Afrique,
» toujours vers le midi et vers le lieu où se lève le soleil,
» *aussi loin qu'il serait possible.* » Behaïm visita ainsi les
îles Fortunées, la Gambie, le Fourfour, et enfin aborda au Zaïre ;
puis il descendit jusqu'au cap Negro, près de l'embouchure
d'une rivière qui débouche dans la baie de Frio et reçut, de
sa présence sur les navires, le nom de *rivière des Flamands*
(*Rio dos Flamingos*). Il rapporta de son voyage de nombreux
échantillons d'épices, notammant *l'écorce de la cannelle* qu'il
y découvrit.

Les récits de ce voyage lui valurent toute la confiance du
roi Jean II, dont il devint un des conseillers intimes pour
les affaires coloniales (1). Il se trouva ainsi à même de suivre
toutes les découvertes des Portugais, de connaître leurs *cartes
nautiques* qu'on nommait *hydrographiques*, leurs mappemondes,
copiées et recopiées sans cesse pour l'usage des marins, de la
cour, du conseil, des seigneurs, et sans cesse modifiées par les
découvertes nouvelles. Une statistique de 1550 nous apprend
qu'il existait encore à cette époque à Lisbonne dix artistes
occupés exclusivement du dessin de cartes marines.

Martin Behaïm épousa en 1486 à Lisbonne la fille du Flamand
Job de Heurter de Moerkerken, propriétaire, capitaine et
gouverneur des îles Fayal et Pico aux Açores, et d'une Portugaise
de bonne maison, Jeanne de Macedo. Behaïm partageait son
temps entre Fayal et Lisbonne, lorsqu'en 1490 l'envie lui prit
de revoir sa ville natale. Le retour du voyageur fut fêté à
Nuremberg comme un évènement mémorable. A la demande
des magistrats de la ville et en souvenir de ses découvertes,
il exécuta pendant le séjour qu'il y fit, avec le concours du
dessinateur Georges Holzscheur, le célèbre *globe* achevé en
1492, que de Humboldt désigne sous le nom populaire de
Pomme du monde, encore conservé dans la maison habitée
par ses parents. Ce globe dessiné sur feuilles de velin, mesure

______

(1) En 1485, Behaïm fut élevé à la dignité de chevalier de l'ordre du
Christ, honneur alors exceptionnel pour un étranger.

1 pied 8 pouces de diamètre (0ᵐ541), et nécessairement, ne représente pas l'Amérique, dont Behaïm n'apprit la découverte qu'à son retour à Lisbonne (¹).

Don Alphonse, l'héritier légitime de la couronne portugaise, étant mort d'une chute de cheval en 1491, le roi Jean se disposait à légitimer un fils naturel, Don Jorge de Lancastre, qu'il avait eu de Dona Anna de Mendoça, auquel il destinait le trône au détriment de son cousin Don Manoel duc de Beja, petit-fils du roi D. Duarte, dont le père avait conspiré contre sa vie. Honoré de la confiance du roi, Behaïm fut envoyé en mission en Angleterre, où se trouvait Don Jorge, chargé de négociations relatives à la légitimation de ce prince. Poursuivi par les adversaires de celui-ci, Behaïm fut pris en mer, conduit prisonnier en Angleterre, puis rembarqué pour la France. En route il fut de nouveau pris par un corsaire et, après avoir payé une rançon, ramené dans les Pays-Bas. Il y revit Bruges et Anvers. Rentré enfin en Portugal en 1495, il apprit le mort de Jean II et l'avènement au trône de Manoel.

On n'est pas exactement renseigné sur les dernières années de Martin Behaïm (²), qui mourut probablement à Fayal le 29 juillet 1506 ou 1507. Malgré son dévouement à Don Jorge, il ne semble pas qu'il ait encouru la disgrâce du roi Manoel. Il devint en effet son conseiller colonial, comme il avait été celui du roi Jean II. Durant le court séjour qu'il avait fait dans les Pays-Bas, il s'était rendu compte des causes de la décadence de Bruges et de l'avenir réservé à Anvers. On lui attribue l'honneur d'avoir recommandé Anvers, aussitôt après le retour de Vasco de Gama, comme le lieu le plus favorable à l'établissement d'un grand entrepôt de

(1) Le globe de Nuremberg donne l'idée de la conception du monde (*Vieux Monde*), généralement admise avant les découvertes de Christophe Colomb. C'est encore aujourd'hui l'un des monuments les plus précieux et les plus remarquables à consulter pour l'étude de l'histoire de la géographie.

(2) Les Allemands ont attribué à Martin Behaïm la découverte du détroit qui reçut le nom de **Magellan**.

denrées coloniales, pour la vente dans les contrées du Nord.

Le plus illustre des marins étrangers qui vécurent à cette époque à Lisbonne, fut incontestablement :

CHRISTOPHE COLOMB. *(Christophoro Colombo* selon les Italiens ou *Colon* suivant les Espagnols). Christophe Colomb devança de dix ans l'arrivée de Behaïm à Lisbonne et les motifs qui l'y amenèrent n'ont jamais été clairement expliqués. On sait qu'il y retrouva son frère Barthélemy, déjà établi comme dessinateur de cartes, et l'on peut croire que ce fut dans le but d'exploiter cette industrie assez productive qu'il y vint à son tour. Les dessinateurs de cartes étaient alors, ainsi que nous l'avons dit. des agents employés par les commerçants pour préparer leur expédition de marchandises par caravanes et fixer les itinéraires de celles-ci ; les capitaines de navires trouvaient une source de bénéfice à appliquer leurs connaissances navales et géographiques, pendant les époques de chomage de la navigation et la mauvaise saison, à tracer des portulans.

L'histoire des premières années de Christophe Colomb est demeurée très obscure, comme pour la plupart des grands hommes, et il s'est attaché à son arrivée en Portugal une sorte de légende, que nous indiquerons en quelques mots.

Christophe Colomb naquit d'une famille noble mais déchue ; dans une lettre écrite par lui-même à Jeanne della Torre, nourrice de la reine Isabelle de Castille, il dit qu' « il n'est pas le premier *amiral* de sa famille. » Son père était réduit au métier de tisserand à Gênes. Plusieurs lieux se disputent l'honneur d'avoir donné naissance au grand navigateur : Cuccaro, dans le Montferrat, Plaisance, Pradello dans le Plaisantin, Onéglia, Finale, Beggiasco, Quinto, Nervi, Cogoletto, Savone, Gênes dans la rivière de Gênes (c'est-à-dire littoral de Gênes, qu'on divisait en *rivière du Ponent* ou occidentale et *rivière du Levant*), et même dans ces dernières années, Bastia en Corse. La date de sa naissance est restée également incertaine, mais paraît devoir être fixée à l'an 1435. Ce fut à Gênes que se passa son enfance, dans la condition de fils d'ouvrier ; après avoir reçu quelques leçons de grammaire, de langue latine, de géométrie et d'astronomie, à Gênes et à Pavie, il fut embarqué à l'âge de 14 ans sur un navire que commandait son oncle, *Colombo mezo* (c'est-à-dire *Colomb le jeune)*, qui était amiral de la petite flotte du roi René de Provence. Cet oncle reçut le surnom d'*archipirate*, ce qui indique suffisamment le but des expéditions qu'il dirigeait. Le jeune Colomb eut ainsi l'occasion de visiter Chio et d'autres parages de la Méditerranée ; il prit même part, comme commandant d'un navire de la flotte sous les ordres d'un autre de ses oncles, *Colomb le vieux*, à la guerre de Jean de Calabre contre Frédéric d'Aragon, de 1461 à 1463, et y donna les preuves d'un véritable courage. Les historiens racontent que le feu prit à son vaisseau, attaqué par les Vénitiens sur les côtes de Portugal, et qu'il se sauva à la nage sur la côte ; c'est de cette manière extraordinaire qu'il serait arrivé à Lisbonne en 1470.

Quoi qu'il en soit, aussitôt à Lisbonne, Christophe Colomb s'y procura quelques ressources en dessinant des cartes et se lia avec une famille aussi pauvre que lui, celle de Perestrello, l'ancien compagnon de Zarco et de Tristam Vaz, devenu capitaine-donataire de l'île de Porto-Santo de Madère en 1418. Perestrello avait eu d'un premier mariage une fille qui épousa *Pedro* de Correa, capitaine-donataire de l'île Graciosa des Açores, et d'un second mariage un fils Bartholomeu et une fille Filippa (¹). Les cultures de Porto-Santo étant dévorées par les lapins apportés par Perestrello, sa veuve à peu près ruinée, était venue s'établir à Lisbonne, après avoir vendu, pour subvenir aux besoins de sa famille, les droits de son fils à Pedro de Correa. Mais ce marché,

(1) Suivant M. Roselly de Lorgues, Perestrello aurait eu une troisième fille, qui épousa un Espagnol obscur nommé Mulliar et habitait Huelva non loin de Palos. C'est, suivant cet écrivain, en allant visiter cette belle-sœur que Colomb fut obligé, dans sa détresse, de demander asile dans le monastère des franciscains de Santa-Maria de la Rabida, circonstance de sa vie qui n'avait jamais été bien expliquée.

conclu en dépit des droits de l'héritier légitime, avait été annulé, et tandis que celui-ci était rétabli dans la possession de son île, sa mère et sa sœur Filippa végétaient dans la misère. En 1471 Colomb épousa Filippa qui ne lui apporta en dot que les papiers de son père, mais ceux-ci fournirent à son époux de très précieux renseignements pour développer son industrie de dessinateur cartographe. Colomb continuait pendant la bonne saison son métier de marin et pratiquait le cabotage dans la Méditerranée, et même jusqu'aux Açores et à Madère, où il visita ses beaux-frères Pedro de Correa et Bartholomeu de Perestrello. On retrouve des traces de sa présence à Gênes chez ses parents en 1472 et 1473 ; son fils Diego Colomb naquit à Porto-Santo.

Durant ces années laborieuses passées à Lisbonne, Christophe Colomb compléta ses études, vivant, dit-il dans sa correspondance, « avec des hommes de lettre, ecclésiastiques et » séculiers, Grecs et Latins, Juifs et Maures. » Il avait aussi appris à connaître, par les papiers de son beau-père qui avait été attaché de l'ordre du Christ, les grands projets du prince Henri relatifs à la recherche d'une route des Indes, en suivant les côtes occidentales de l'Afrique, où l'on n'avait pas encore dépassé à cette époque le cap Lopez. Le succès de cette tentative lui parut improbable, car son expérience lui avait fait connaitre l'existence d'un courant marin longeant les côtes de l'Afrique jusqu'au golfe de Guinée et qui semblait devoir repousser les efforts des navigateurs de ce côté. Mais, pendant son séjour aux Açores et à Madère, on lui avait signalé les trouvailles faites à diverses époques, d'objets ouvrés de main d'homme, ayant un caractère étrange, amenés notamment aux Açores par un courant venant de l'ouest. Colomb en conçut l'idée d'une terre située à l'occident de l'Europe, qu'il serait possible d'atteindre en suivant le courant des vents alisés, du cap Vert vers l'ouest, et d'où le courant contraire observé vers les Açores pourrait ramener. L'idée géniale de *chercher l'Orient par l'Occident* germa dès lors dans son esprit (¹). L'immensité de la route à parcourir pour atteindre par cette voie l'Inde, déjà visitée par Marco Polo, ne l'effraya pas. « Aristote », écrivait-il plus tard aux souverains d'Espagne, « Aristote dit que *le* » *monde est petit* et qu'on peut passer facilement d'Espagne » dans les Indes : Avenruyz *(Averrhoës)* affirme cette idée » et le cardinal Pierre d'Alliaco (d'Ailly) la confirme en » l'appuyant de l'opinion de Sénèque... »

Le roi Alphonse V informé des travaux de Christophe Colomb, dont l'originalité l'avait frappé, chargea le chanoine Fernand Martinez de consulter en Italie à leur sujet le savant Paolo Toscanelli, qui d'accord avec Fra-Mauro, dirigeait ses études vers la comparaison de la géographie ancienne et les découvertes modernes. Martinez pria Toscanelli de lui faire connaître si, dans son opinion, les projets de Colomb avaient chance d'aboutir à un résultat pratique.

La réponse de Toscanelli du 25 février 1475 fut entièrement favorable à Colomb. Toscanelli semblait même revendiquer une sorte de priorité pour cette pensée de gagner le pays des épices par l'ouest. Néanmoins les idées nouvelles allaient tellement à l'encontre des efforts tentés depuis plusieurs années en Portugal, pour ouvrir la même route par l'est, que Christophe Colomb fut dédaigneusement éconduit par les savants portugais. Jean Barros le qualifia de « frivole bavard émettant des idées fantastiques ».

La priorité réclamée en faveur de Christophe Colomb, par les écrivains catholiques qui poursuivent depuis longtemps sa béatification, en la déclarant « inspiration divine, » a été souvent contestée et demeure très contestable. Mais en admettant que l'idée de la *recherche de l'Orient par l'Occident* se soit produite avant Colomb, il est certain que le milieu dans lequel il vécut à Lisbonne, où la croyance d'une voie de communication directe

____

(1) Les projets de Colomb rappellent le voyage des *Maghrourins,* dont le souvenir était conservé à Lisbonne.

vers l'Inde, se développait sous l'influence du prince Henri, y donna une force nouvelle. A ce titre on peut considérer les recherches de Colomb, quoique dirigées dans une voie différente de celles de l'école portugaise, comme l'émanation indirecte de l'école de Sagres. Il n'est guère de grande invention qui soit le résultat d'une éclosion spontanée.

Ramusio, écrivain contemporain de Colomb, prétend que repoussé à Lisbonne, il présenta ses projets au sénat de Gênes, sa ville natale ; mais les Génois n'aimaient guère à sortir de la Méditerranée et repoussèrent les offres qu'il leur fit, en alléguant la pénurie du trésor de la république ; ils lui opposèrent également l'insuccès de l'expédition tentée en 1291 par les frères Vivaldi, dont on n'avait plus eu de nouvelles.

Suivant Luigi Bossi, Colomb s'adressa également à la république de Venise, mais n'y eut pas plus d'écho et l'on peut s'en étonner, car là du moins se retrouvent quelques traces d'une idée semblable émise antérieurement. En 1469 Jean Cabot (surnommé *le Nocher, Naucleus*) avait obtenu de Henri VIII d'Angleterre l'autorisation d'armer une flotte à Bristol pour aller à l'Occident à la recherche de l'*île des Sept Cités*, expédition qui ne fut du reste poursuivie que plus tard par son fils Sébastien Cabot. L'on sait aussi qu'en 1390 un autre Vénitien, Nicolo Zeno, avait déjà visité le Groenland.

Il est probable que ce fut à la suite des renseignements recueillis en Italie, que Colomb se décida, en 1477, à un nouveau voyage aux Açores afin de reconnaître par lui-même ce qu'une tentative de ce côté pouvait avoir d'utile. Il fit la connaissance dans cet archipel, d'un navigateur Jean Vaz de Costa, surnommé *Costa-real* à cause de la magnificence dont il aimait à s'entourer. Costa lui raconta avoir visité à l'ouest une terre nommée la *terra des Bacalhaos* (la terre des morues, *Terre-Neuve*) et démontra à Colomb l'avantage de poursuivre son projet vers le nord, où il trouverait sans nul doute une route plus courte, à cause du raccourcissement des parallèles, à égale différence de longitude, à mesure qu'on se rapproche du pôle. Colomb, d'après son conseil, continua ses explorations jusqu'à l'*île de Thulé* (Islande), où dit-il, « la mer n'était alors » pas couverte de glaces et que fréquentaient un grand nombre » de navires de Bristol ; » mais, soit crainte de l'obstacle des glaces, soit pour toute autre cause, il en revint à sa première pensée de chercher la route plus près de l'équateur, dans le courant des vents alisés.

A son retour à Lisbonne en 1481, Christophe Colomb fit la connaissance de Martin Behaïm, par lequel il fut mis au courant des informations que le roi Alphonse V avait prises secrètement auprès de Toscanelli, sur son projet, et de la réponse de celui-ci. Behaïm ne semble d'ailleurs pas favorable aux projets de Colomb à cette époque. Colomb s'empressa d'écrire à Toscanelli par l'intermédiaire de l'astronome florentin Laurenzo Giraldi, pour lui demander communication de l'avis qu'il avait donné à Martinez. Il reçut la réponse suivante : « J'apprends le noble » désir que tu as de passer dans les régions où croissent » les épices, c'est pourquoi en réponse à ta lettre, je t'envoie » la copie d'une autre que j'ai adressée à un de mes amis, » qui se trouvait au service du roi de Portugal (le chanoine » Martinez) avant la guerre de Castille (1476), et j'y joins » une carte marine semblable à celle que je lui ai envoyée. »

Dans la copie de la lettre à Martinez, que lui adressait Toscanelli, Colomb lisait : « J'ai jugé à propos de joindre » une carte semblable à celle dont on fait usage en mer, carte » qui a pour limite à l'occident les côtes comprises depuis » l'Islande jusqu'à la côte de Guinée exclusivement ; j'y ai » tracé toutes les îles qui selon moi, se trouveront sur cette » route qui de l'occident doit mener aux Indes, et représente » l'extrémité du continent asiatique avec les îles et les ports » où on doit mouiller (probablement dressée d'après les récits » de Marco Polo.) Ne t'étonne pas que je désigne sous le » nom de *couchant* les contrées où croissent les aromates » que l'on appelle vulgairement aujourd'hui *orient*, puisque » en faisant voile vers l'occident, on doit trouver ces régions

» que l'on prétend ne pas s'étendre au delà du *levant.* Tu
» verras qu'à partir de Lisbonne, en allant vers l'occident,
» j'ai tracé sur la carte 26 divisions, dont chacune équivaut
» à 250 milles, pour atteindre la célèbre et grande île de
» *Quittai* (Quinsai, Hang-Tchou-Fou, capitale de la Chine sous
» la dynastie des Hong)..... Son nom signifie la *Ville Céleste* ;
» elle est la résidence ordinaire des rois et est située dans la
» province de *Mango* près de *Cathai.* Depuis l'île d'*Antilia*
» que tu connais ([1]), je compte 10 espaces de 250 milles,
» c'est-à-dire 125 lieues. On trouve dans cette île une quantité
» de perles et de pierres précieuses. C'est avec des plaques
» d'or qu'on y couvre les temples et les demeures des souve-
» rains. *La route pour atteindre à cette île est inconnue,*
» *mais je suis certain cependant qu'on peut s'y rendre*
» *avec sûreté.* »

La carte de Toscanelli est malheureusement perdue, mais
il est vraisemblable que Behaïm en eut connaissance et en fit
usage pour exécuter son globe de Nuremberg, représentant
la terre à une époque contemporaine, avant la découverte
de l'Amérique. C'est donc d'après ce globe, ainsi que le dit
Vivien de Saint-Martin, qu'on peut se faire une idée exacte
des faits indiqués sur la carte du célèbre Florentin. « D'après
» cette carte, » dit-il, basée sur des erreurs énormes qui
» s'étaient introduites dans l'estime des longitudes, Colomb ne
» comptait guère que 90° d'intervalle entre les Canaries et
» l'Asie orientale et il évaluait 90° sur le parallèle des Canaries
» à 1100 lieues espagnoles, c'est-à-dire à *cinq semaines de*
» *navigation directe.*

» Voilà sur quelles bases, déduites des connaissances du
» temps, encore si prodigieusement imparfaites quant à la
» situation des lieux et à la grosseur de la terre, se fondait

(1) La plus ancienne indication qui ait été donnée de cet île imaginaire,
paraît être celle de la carte d'Andrea Bianco de 1436, qui place *Antilia* par
7° 55' de longitude occidentale de l'île de Fer et 38° 30' de latitude boréale.

» la persuasion où était Colomb qu'une navigation de quelques
» semaines, constamment dirigée à l'ouest, devait invariablement
» le *conduire d'Europe et des archipels africains aux pre-*
» mières îles de l'Asie. *Heureuse erreur!* ainsi qu'on l'a dit
» depuis longtemps, car si Colomb avait su que cet intervalle,
» qu'il croyait être de 90°, en comptait 200, et que la distance
» était non pas de 1100 lieues d'Espagne, mais de près de
» 3000, il est plus que douteux qu'il eût osé concevoir la pensée
» d'une pareille expédition. »

La mort d'Alphonse V survenue en 1581, auquel succéda son
fils Jean II, qui semblait devoir reprendre les traditions de
son grand-oncle Henri le navigateur, remit l'espérance au
cœur de Christophe Colomb. Jean II, en effet, entraîné vers
cette nouveauté, nomma une junte composée du docteur Diego
Ortiz de Cazadella, évêque de Ceuta, de son médecin Rodrigo et
du juif Joseph, tous cosmographes de haute réputation, pour
examiner les projets de Colomb. C'était un premier pas
dont Colomb s'empressa d'informer Toscanelli et celui-ci lui
répondit : « Je considère comme très utile et très digne
» d'approbation, le projet que tu as formé de naviguer du
» levant au couchant, selon les indications fournies par la
» carte que je t'ai envoyée et qui seraient encore *plus évi-*
» *dentes sur une sphère* (telle que la sphère de Behaïm par
» exemple)... Je voudrais que tu puisses en prendre aussi
» nettement l'idée que moi, qui la dois aux entretiens que
» j'ai eu en cour de Rome avec toutes sortes de savants et
» de voyageurs. J'ai la certitude que lorsque le voyage aura
» été accompli, il en résultera pour nos contrées une grande
» abondance de richesses, notamment en épiceries et en
» métaux précieux. C'est pourquoi je ne m'étonne pas que
» toi, qui as le cœur aventureux, et que la nation portugaise
» qui compta toujours beaucoup de gens prêts aux grandes
» et nobles entreprises, vous songiez à effectuer cette glorieuse
» expédition.... »

En attendant le jugement de la junte sur lequel Colomb

basait d'heureuses espérances, il lui fallait vivre et faire vivre sa famille. Il entreprit encore un voyage de commerce, qu'il espérait être le dernier, et se rendit aux Canaries et au château de St.-Georges de la Mine.

La junte de Lisbonne chargée de l'examen du projet de Colomb, le repoussa comme rêverie de songe creux ; mais le roi, persistant dans sa confiance, assembla un haut conseil d'État pour prendre une décision à son sujet. Colomb trouva un éloquent défenseur en Pedro de Menesès, comte de Villaréal, chevalier du Christ, qui avait conservé les grandes traditions du prince Henri : « Ce serait, disait celui-ci, une gloire éternelle » pour le Portugal, que d'avoir percé le mystère de la *mer* » *Ténébreuse* ». L'évêque de Ceuta, jouissant d'une grande autorité dans la science nautique, opposa à Colomb la pénurie du trésor et les privilèges excessifs que réclamait l'humble cartographe, l'obscur marin, en cas de succès. Il fit remarquer qu'en vertu des bulles papales, le Portugal possédait des droits absolus sur les routes longeant l'Afrique, mais qu'il était à craindre, en ouvrant une nouvelle voie vers l'Occident, que ces droits fussent contestés, surtout si cette voie était trouvée par un *étranger*, et que dans ce cas on aurait fait des dépenses considérables pour une route qui serait livrée peut-être à une autre nation. Cette opinion finit par prévaloir.

Cependant le roi de Portugal conservait des doutes. Craignant d'être prévenu par un autre souverain, plus confiant, auquel Colomb présenterait probablement son projet, il ordonna d'équiper une flotte, sous les ordres d'un officier portugais, qui, sous prétexte de ravitaillement de l'Archipel du cap Vert, devait explorer secrètement la route indiquée par Colomb. L'entreprise échoua, arrêtée par la tempête et aussi par la pusillanimité de son équipage. Le chef de cette expédition secrète rentra à Lisbonne, et pour masquer sa lâcheté se moqua de l'idée de Colomb, qu'il qualifia de monstrueuse extravagance.

Cette triste et déloyale aventure maritime nous montre que la doctrine du *secret commercial* et la *terreur de la mer*

Ténébreuse, contre lesquels le prince Henri avait réagi avec tant d'énergie, conservaient encore une influence considérable chez les marins portugais.

A son retour de Guinée, Colomb apprit à la fois le rejet de sa requête par le gouvernement et la félonie qui avait été commise, en confiant l'exécution de son plan à un autre. Il résolut aussitôt de quitter le Portugal et, dans la crainte d'en être empêché, partit secrètement avec son fils pour Gênes, au printemps 1485. De Gênes il ne tarda pas à se rendre en Espagne.

Nous ne rappellerons pas les difficultés et les déboires que rencontra Colomb en cherchant successivement la protection de l'Espagne, de l'Angleterre, et même de la France. Nous signalerons seulement la tentative du roi Jean II de Portugal, qui lui envoya en 1487, un sauf-conduit en l'invitant à revenir à Lisbonne ; instruit par l'expérience, Colomb se défia de la loyauté des conseillers du roi et répondit par un refus, redoutant un attentat à sa liberté.

Il n'entre pas davantage dans notre plan de raconter dans ses détails le célèbre voyage qui conduisit *Colomb* aux Antilles, c'est-à-dire au but de ses espérances. Nous nous bornerons à en retracer les circonstances principales.

Le 30 avril 1492 Christophe Colomb, après toutes ses démarches près de la cour d'Espagne, reçut enfin le privilège qui l'autorisait, en qualité d'amiral, à équiper une flottille de trois navires pour tenter l'aventureuse entreprise dont la réussite avait été si souvent mise en doute. Le port de Palos fut *indiqué comme lieu d'embarquement* et la reine Isabelle mit à sa disposition deux navires que ce port était tenu de fournir chaque année, armés et équipés, à la couronne de Castille. Malgré son empressement Colomb eut beaucoup de difficulté à se procurer ces navires, car les habitants de Palos, épouvantés de la témérité d'un voyage au delà des mers connues, qui semblait vouer leurs vaisseaux à une perte certaine, s'obstinèrent à les lui refuser. Il fallut avoir recours à l'intervention d'officiers royaux qui, d'après les ordres de la reine, saisirent d'office dans le port une petite caravelle, la *Pinta*, appartenant à Gomez Rascon et à Christoval Quinteso; en vertu de la loi tous deux étaient tenus de servir sur le navire réquisitionné. Peu de jours après la municipalité de Palos, avertie par cette mesure de rigueur et prévoyant une seconde saisie semblable, se décida à livrer un second navire, la *Gallenga*, bâtiment lourd et médiocre, dont il fallut bien se contenter. Pour compléter son escadre, Colomb avec l'aide de Juan Perez de Marchena, ancien confesseur de la reine et père gardien du couvent de la Rabida, où Colomb avait reçu asile à son arrivée en Espagne, parvint à décider Martin Alonso Pinzon, riche armateur de Palos et lui-même marin expérimenté, à lui fournir un troisième navire, la *Nina*. (la petite) et même à prendre part à l'expédition avec ses deux frères.

Cette flottille de trois caravelles ne répondait que très médiocrement au but à atteindre. La *Gallenga* dont Colomb fit son vaisseau amiral, et que dans son zèle pieux il baptisa *Santa-Maria*, était seule pontée de l'avant et l'arrière. avec une dunette à l'arrière et un petit château d'avant ; elle était assez mauvaise marcheuse et son tirant d'eau la rendait peu propre à aborder des côtes difficiles. La *Pinta* et la *Nina*, de plus faible échantillon, valaient mieux sous ce rapport, mais elles n'étaient pontées qu'à la proue et à la poupe et le centre était dépourvu de tillac. L'équipage de la flotte était composé de 120 hommes, officiers et marins.

C'est avec des ressources aussi restreintes et hâtivement préparées (¹) que le 3 août 1492, Christophe Colomb se décida

---

(1) L'escadre comprenait :

La *Santa-Maria* (100 à 150 tonneaux, — 66 hommes d'équipage, officiers et matelots, — vaisseau amiral monté par Colomb, assisté du pilote Juan de la Cosa). Elle se perdit à Hispaniola.

La *Pinta* (30 hommes. — capitaine Martin Alonso Pinzon, assisté de Gomez Rascon et Christoval Quintero, propriétaire de la caravelle, en qualité de pilotes).

à prendre la mer pour l'expédition la plus aventureuse dont l'histoire fasse mention. Dès les premiers jours du voyage, il eut un avertissement des difficultés qui l'attendaient. Le 6 août un signal de détresse lui annonça que le gouvernail de la *Pinta* était brisé : Alonso Pinzon fit réparer l'avarie avec des cordes, mais le même accident se reproduisit le lendemain, et ce fut dans cet état qu'on arriva, le 8 août, à la Grande Canarie. La *Pinta* fut reconnue en très mauvais état et tout portait à croire que les propriétaires, embarqués de force sur le navire, avaient provoqué ces dégradations peu avant d'aborder, afin de soustraire la caravelle aux obligations de la réquisition imposée.

Colomb fit de vains efforts pour se procurer aux Canaries un navire pour remplacer la *Pinta*. D'autre part il fut prévenu qu'une flotte portugaise le guettait dans ces parages, avec l'espoir de l'arrêter. Il fallait se hâter. Il ordonna de radouber la *Pinta* en toute hâte et reprit la mer le 6 septembre avec l'espoir de tromper la surveillance de la croisière portugaise. Grâce à sa célérité, sa marche ne subit aucune entrave.

Le 13 septembre le signe précurseur du monde nouveau dans lequel il entrait, apparut à Colomb ; en observant l'étoile polaire il constata une variation de déclinaison de l'aiguille aimantée, phénomène jusqu'alors inconnu. La prudence lui commandait de cacher ce fait anormal à ses compagnons. Le 17, les pilotes à leur tour constatèrent le même fait ; aussitôt une vive inquiétude s'empara des équipages qui se voyaient déjà privés du secours de la boussole pour diriger leur marche. On entrait en même temps dans une mer calme, très chargée de varechs ou herbes flottantes, nommée depuis la *mer des Sargosses*, inspirant la terreur de ne pouvoir avancer ni reculer. — Le 23, le calme et les herbes marines augmentaient toujours et les équipages commencèrent à désirer

La *Nina* (24 hommes, — capitaine François Martin Pinzon, accompagné de Vincent Yanez Pinzon, tous deux frères de Alonso Pinzon). Elle devint vaisseau amiral après la perte de la *Santa-Maria*.

le retour en Espagne. « Le vent contraire m'était nécessaire »
écrivait Colomb, « parce que mon équipage était en grande
» fermentation, persuadé que dans ces mers il ne soufflait
» aucun vent pour retourner en Espagne.... Le souhait de
» rencontrer une grosse mer ne s'était jamais vu, si ce n'était
» au temps des Juifs, lorsque les Égyptiens partirent d'Égypte
» à la poursuite de Moïse, qui délivrait les Hébreux de
» l'esclavage....» — Le 25 Alonso Pinzon faisant le point sur
la carte *(cartear)* et observant l'horizon, crut apercevoir une
terre au sud-ouest, vers laquelle on se dirigea ; mais ce
n'était qu'une illusion et l'on reprit la route à l'ouest. —
Le 30, l'aiguille aimantée se trouvait exactement dirigée, sans
déclinaison, vers le nord. La défiance commençait à naître
même chez Alonso Pinzon, avec le regret de s'être engagé
sous les ordres de ce Génois dont les brillantes prédictions
tardaient tant à s'accomplir ! On traitait l'amiral avec dédain
de « *truffatore* et *beffatore* (gausseur et blagueur). — Le
1ᵉʳ octobre Pinzon constata avec effroi qu'on avait déjà parcouru
578 lieues à l'ouest de l'île de Fer ; l'amiral de son côté
avait reconnu, d'après ses observations personnelles, une
distance de plus de 700 lieues, mais ne voulant pas ajouter
aux alarmes, il n'accusa publiquement qu'une distance de
584 lieues. — Le 8, suivant les récits contemporains de
Oviedo, Pierre Martyr et Herrera, les équipages entrèrent en
révolte ouverte et refusèrent d'aller plus loin. Colomb, après
avoir observé le vol des oiseaux qui se multipliaient, le
transport de branches encore vertes charriées par la mer,
ne doutait pas que la terre fût proche. Il obtint un sursis
de trois jours, après lesquels il promettait de ramener les
navires en arrière. « Jamais », dit de Humboldt, « vol
« d'oiseau n'eut des suites plus graves. » — Le 11, à 10 heures
du soir, l'amiral monté sur la dunette, aperçut à l'horizon
des lumières qui paraissaient, disparaissaient et semblaient se
mouvoir ; il fut convaincu de la proximité de la côte et
signala aux navires de marcher avec prudence. Tout à coup

à 2 heures du matin, un coup de canon tiré de la *Pinta* annonça qu'un matelot en vigie, Rodrigo Bermejo de Triana, venait d'apercevoir une terre. L'allégresse des équipages fut générale et après avoir passé la nuit en panne, l'amiral débarqua, le 12 octobre 1492, dans une île dont il prit solennellement possession au nom de la couronne de Castille. Les indigènes l'appelaient *Guanahami*, mais Colomb, dans un hommage pieux, la nomma *San-Salvador*. (¹)

Colomb apprit des habitants de San-Salvador que leur île faisait partie d'un archipel très riche en or, dont ils fabriquaient leurs ornements et qu'il était facile de recueillir. Il se mit aussitôt à la recherche du précieux métal. — Le 14 octobre il découvrit une île qu'il nomma l'île de la *Conception* (Caïque ou Caïcos), — le 16 octobre l'île *Fernando* (Grand Exuma), — le 19 octobre l'île *Isabelle* (Long Island ou île Longue que les indigènes nommaient *Samoet*), — le 28 octobre la grande île *Juana*, revenue de nos jours à son nom indigène de *Cuba*. Abordant à cette île après avoir longé sa côte septentrionale, Colomb crut avoir atteint au continent asiatique, non loin de Cipango, mais il fut détrompé par les indigènes qui lui firent connaître le caractère insulaire de Cuba et lui signalèrent l'existence d'une « terre non entourée d'eau, » c'est-à-dire un continent, qu'ils nommaient *Babèque (terre ferme* en langage indigène. « L'île de Cuba » écrivait-il plus tard à

(1) Les auteurs ne sont pas d'accord sur la position exacte de l'île de *San-Salvador* qui appartenait à l'archipel des Lucayes ou de Bahama. — Navarette suppose que c'était *Turk Island* (île de la Grande Saline, 53° 45' long. O. de l'île de Fer et 21° 30 lat. N.) — de Humboldt et Washington Irving, d'après la carte de Juan de la Cosa, indiquent *Cat Island* (île des Chats, 58° 10' long. O. et 24° 3)' lat. N.) Dans cette île, le point de débarquement de Colomb est même indiqué dans le voisinage d'une campagne nommée *Colombia* en l'honneur du grand navigateur. — Peschel suppose *Watling's Island* (56° 50' larg. O. et 24° 0' lat. N.) — Enfin Varnhagen, avec d'excellentes raisons à l'appui, fixe le débarquement dans l'*île Mariguana* (55° 4' long. O. et 22° 30' lat. N.)

Raphaël Sanchez « est plus grande que l'Angleterre et l'Écosse réunies ».

Une profonde déception attendait Colomb durant le séjour qu'il fit à Cuba pour la réparation de ses navires et les explorations de l'île. Le 22 novembre il constata la disparition de la *Pinta*, qui sans aucun avertissement préalable, avait tout à coup quitté l'escadre sous la conduite d'Alonso Pinzon. Très jaloux du pouvoir de l'amiral, Pinzon s'était décidé à aller à la recherche de *Babèque* pour son propre compte. Ignorant la cause de ce départ et redoutant un accident, Colomb fit faire des recherches et conserver des fanaux allumés la nuit, afin de permettre à la *Pinta* de rallier la flotte pendant l'obscurité, mais ces précautions n'aboutirent à aucun résultat. Il fallut se résigner à continuer l'expédition avec la flottille réduite à deux navires ; Martin Pinzon, frère du fugitif et commandant de la *Nina*, était demeuré fidèle à la fortune de son chef. — Le 6 Colomb, poursuivant ses explorations, atteignit une île désignée par les natifs sous les noms de *Bohio* (terre où il y a beaucoup de villages), de *Hayti* (terre haute, montagneuse) ou encore de *Quisqueya* (grande terre) et qu'il nomma l'*île Espagnole* (Hispaniola, depuis *Saint-Dominique* ou *Haïti*). Les indigènes très hospitaliers de cette île, étaient couverts de riches ornements en or, dont l'usage était commun chez eux pour une quantité d'objets usuels, et qu'ils déclarèrent provenir d'une localité nommée *Civeo* ou *Cibao* ; Colomb comprit *Cypango* et cette fois il ne douta plus d'avoir atteint au but de son voyage, les rivages de l'Asie ; il ne devait être détrompé que quatre années après, dans un voyage suivant.

« Que la miséricorde de Dieu », écrivait Colomb, « m'aide » à découvrir cet or, ou plutôt la mine d'où il provient ; » beaucoup d'indigènes m'assurent qu'ils la connaissent. » Ce n'était pas uniquement la cupidité qui provoquait cette invocation de Colomb, comme le remarque Charton, il savait que ses découvertes ne tourneraient à sa gloire en Espagne, que si elles procuraient tout l'or promis. La plus grande partie des trésors recueillis fut en effet remis au gouvernement (¹) et le 20 janvier 1493 il pouvait écrire aux souverains : « Depuis » sept ans, sans l'hostilité que j'ai rencontrée, j'aurais pu » enrichir le trésor royal de cent millions de revenu. » Plus tard encore, conseillant aux souverains de la Castille une nouvelle expédition, il leur rappela qu'il en avait déjà indiqué comme but « l'acquisition d'assez d'or et d'épices pour permettre » au roi et à la reine d'entreprendre la conquête de la *Casa-* » *santa* ou Saint-Sépulcre, et qu'il avait exprimé le désir que les » produits de ses découvertes eussent cette destination. » Il ajoutait : « Vos Altesses me répondirent en riant, que cette » idée leur plaisait et qu'il n'était pas besoin de l'espoir que » je leur donnais, pour qu'elles eussent envie de faire cette » conquête. »

Après une visite à l'*île de la Tortue*, située entre Cuba et Haïti, célèbre depuis comme refuge des boucaniers, un nouvel incident regrettable vint mettre entrave à ses travaux. Le 25 décembre, la *Santa-Maria* entraînée par un courant marin et livrée un instant à un timonier inexpérimenté, alla échouer sur un banc ; malgré tous les efforts de l'amiral, il fut impossible de la renflouer. Cependant avec l'aide bien-veillant du cacique Guacagnari et des habitants, on sauva non seulement l'équipage, mais aussi les richesses recueillies et on les transporta à terre. Réduit à la petite caravelle la *Nina*, il était impossible désormais de continuer les explorations. Colomb prit aussitôt le parti de construire dans la baie de Portoréal (Caracol), où avait eu lieu l'accident, un fort qu'il nomma *Natividad* (Nativité), afin d'y mettre en sûreté les hommes et les marchandises que la *Nina* ne pourrait embarquer, et de retourner en Espagne annoncer ses grandes découvertes et préparer une expédition de secours pour les naufragés, à l'aide de laquelle il espérait faire la conquête du pays.

(1) Une partie de ces richesses fut envoyée au pape et servit à décorer magnifiquement la basilique de Sainte-Marie-Majeure à Rome,

Cette conquête lui semblait facile, grâce aux mœurs douces des indigènes, « Je réponds à vos Altesses » écrivait-il après la découverte de San-Salvador, « que si elles me commandaient » d'emmener tous les habitants en Castille, rien ne s'y » opposerait ; c'est une tâche à laquelle suffiraient cinquante » hommes.... » Plus tard il écrivait encore de Haïti : « Avec les » seuls marins qui sont sur mes navires, je puis explorer » en maître toutes ces îles. Les habitants sont sans armes et » nus ; ils sont craintifs. Mille de ces pauvres gens fuient » devant trois de nos hommes. Ils sont faits pour obéir ; » ils exécutent tous les travaux qu'on leur commande. *Il n'y* » *a donc qu'à leur enseigner à bâtir des villes, à se vêtir* » *et à adopter nos coutumes.* » Si Colomb ne semble pas éprouver un grand regret de la perte de la *Santa-Maria*, il faut l'attribuer à la satisfaction d'avoir un prétexte pour rentrer en Espagne annoncer son triomphe et aussi pour laisser une garnison à Hispaniola, qui devait former le point de départ de sa conquête. Hélas ! cette conquête s'accomplit ensuite avec des idées moins généreuses pour les malheureux indigènes ! Le *fort de la Nativité* en marquait le point de départ (¹).

Tandis qu'avec le concours des natifs on travaillait activement à la construction de ce fort, Colomb apprit par eux, le 27 décembre, que la *Pinta* avait été aperçue cinglant autour de l'île. Des messagers indiens furent expédiés dans toutes les directions, mais ils ne purent fournir aucun renseignement précis. — Le 1ᵉʳ janvier 1493, le *fort de la Nativité* était achevé et l'amiral désignait dans l'équipage de la *Santa-Maria* 39 marins chargés d'y tenir garnison sous les ordres de Diego Arena de Cordoue, assisté de Pedro Guttierez et de Rodrigo de Escovedo de Ségovie. Abondammant pourvus

---

(1) Ce premier établissement espagnol n'eut pas de durée. Après avoir été détruit par les indigènes qui se vengeaient des mauvais traitements des Espagnols, il fut remplacé, quatre ans plus tard, par un autre établissement au cap Isabelle.

de vivres et de provisions, ils pouvaient attendre son retour ; on leur remit la chaloupe de la *Santa-Maria* et il leur fut prescrit de continuer la recherche de la mine d'or, en même temps que d'un emplacement convenable pour y édifier une ville. Ces préparatifs achevés, le restant de l'expédition s'embarqua sur la *Nina* avec vingt naturels indiens, hommes, femmes et enfants, qu'on nommait *caniba, cariba* (d'où sont venus les mots *cannibales, caraïbes)* pris dans les diverses îles visitées par Colomb (¹), et l'on reprit la mer le 3 janvier.

A peine en route, le 6 janvier, la *Nina* rencontra la *Pinta* ; Alonso Pinzon vint à bord s'excuser près de Colomb de son absence et s'efforcer d'y donner des motifs plausibles. Colomb, qui n'était pas en position de se montrer difficile, accepta les excuses, et les deux navires reprirent leur navigation de conserve. Après un court séjour pour réparer les deux caravelles en très mauvais état et percées de trous de tarières (insectes de mer) et quelques excursions sur la côte, on quitta enfin l'île Espagnole le 16 janvier, en destination de l'Europe.

Le voyage de retour fut très mouvementé et mit de nouveau Colomb aux prises avec les Portugais ; il mérite de nous arrêter un instant.

Dès que la cour de Portugal eut appris le départ d'Espagne de la flottille de Colomb, des instructions furent envoyées à tous les agents de l'État dans les Archipels, pour empêcher son retour avec la nouvelle d'une découverte qu'il aurait faite. En cas de succès, le roi de Portugal voulait pouvoir aviser aux mesures à prendre. Le 17 février 1493 la flottille de Colomb apparut en effet au large de Ste.-Marie des Açores. L'amiral permit à la moitié de ses équipages d'y débarquer pour aller en pèlerinage à une chapelle célèbre, vouée à Notre-Dame, en acquit d'un vœu fait au milieu des périls de l'expédition. Tandis que les Espagnols se trouvaient en prière, la

______

(1) Beaucoup de ces indigènes moururent en route. Sept seulement purent être présentés aux souverains de Castille, lors de la réception triomphale de Colomb à Barcelone.

garnison de l'île vint les cerner tout à coup et les fit prisonniers. Jean de Costeneda, capitaine de l'île, déclara aux captifs agir par ordre du roi de Portugal. Sur les protestations de l'amiral, qui menaçait les Portugais d'une guerre avec l'Espagne, le capitaine, après beaucoup d'instance, consentit enfin à rendre les prisonniers, n'ayant pu réussir à s'emparer de l'amiral lui-même.

Poursuivant sa route vers l'Europe, les caravelles de Colomb furent de nouveau battues par la tempête et obligées le 4 mars, de chercher un refuge à Cascaes, à l'embouchure du Tage. Malgré la répugnance de l'amiral à aborder en Portugal, où il craignait le pillage des richesses que rapportaient ses navires, par les habitants de la côte, il dut s'y résigner à cause de l'état de la mer, mais il expédia aussitôt un message en Castille pour informer le souverain de l'heureuse issue de son expédition. En même temps il demanda l'autorisation à Jean II d'aller mouiller devant Lisbonne. Le récit des aventures de Christophe Colomb circula bientôt dans cette ville et y excita une grande effervescence. La découverte de ce Génois, jadis pauvre et obscur, parut merveilleuse. Cédant à l'émotion populaire, le roi s'empressa d'inviter Colomb à se rendre à Lisbonne, où il fut reçu avec les honneurs de prince de sang royal. Le souverain du Portugal se borna à faire près de l'amiral espagnol, réserve des droits du Portugal sur sa conquête, en s'appuyant sur les bulles pontificales sollicitées et obtenues autrefois par le prince Henri.

Au milieu même des fêtes données en l'honneur de Colomb, et aussitôt après que le roi l'eut interrogé sur les péripéties de son voyage, le conseil du gouvernement fut assemblé secrètement pour décider des mesures à prendre dans l'occurrence. On se rappelait combien le roi avait désiré entreprendre cette expédition, et les conseillers qui avaient émis des avis défavorables, se sentaient menacés ; ils s'efforcèrent d'exciter la colère du roi contre l'amiral, en lui rappelant son refus de revenir en Portugal et, d'après les témoignages des historiens portugais Garcia de Resende et Joan de Barros, offrirent d'assassiner eux-mêmes l'heureux navigateur. Jean II repoussa avec indignation cette offre abominable et Colomb put librement regagner l'Espagne. Il aborda à Palos le 15 mars, au milieu des acclamations populaires, précédant de quelques heures seulement le traître Martin Alonso Pinzon son compagnon, qui, se dérobant de nouveau, avait espéré annoncer le premier la découverte, tandis que l'amiral serait retenu à Lisbonne par les mauvaises dispositions de la cour portugaise, dont il avait été informé.

Le conseil de Lisbonne avait résolu néanmoins, par mesure de sûreté, d'équiper aussitôt une flotte, afin de prendre possession des terres découvertes sur lesquelles le Portugal entendait faire valoir ses droits. Christophe Colomb était convaincu, et mourut avec la conviction, d'avoir atteint les rivages de l'Inde, dont le Portugal cherchait la route depuis près d'un siècle ; et ce ne fut réellement qu'en 1513, à la suite de la découverte du Pacifique par Vasco Nunez de Balboa, qu'on reconnut que le Génois avait découvert un Monde Nouveau.

La résolution conservatoire adoptée par le gouvernement portugais, fut rendue inutile par suite de l'empressement du pape Alexandre VI (Borgia), Espagnol qui entendait protéger les intérêts de sa patrie, à fixer la *délimitation* des pos sessions portugaises et espagnoles, par sa bulle du 3 mai 1494. Le méridien passant aux environs de l'Archipel des Açores et de l'Archipel caboverdien, où Colomb avait reconnu que la déclinaison de l'aiguille aimantée changeait de direction et où, suivant son expression, on sentait qu'on entrait « *dans un monde nouveau et sous un nouveau ciel* », fut fixé comme limite des possessions des deux couronnes ; l'est étant réservé aux Portugais et l'ouest aux Espagnols.

Le retour de Christophe Colomb en Portugal (4 mars 1494) et l'annonce de la découverte de la *route des Indes* dites *Occiden-tales* précéda de 3 ans et 8 mois le départ de Vasco de Gama (4 novembre 1497) pour aller à la recherche de la *route des*

Indes Orientales, et de 5 ans 5 mois l'annonce de la découverte de celle-ci (29 août 1499). Le départ de Vasco de Gama fut même activé par la connaissance des découvertes de Colomb. Mais il est juste de reconnaître que si l'Espagne devança dans cette voie le Portugal, l'honneur de ces deux grandes découvertes géographiques revient en entier au Portugal, où elles furent préparées, et au glorieux prince Henri qui en fut le promoteur et inspira l'illustre Génois.

Colomb ne fut pas seulement un hardi et habile marin, il fut encore, comme l'a observé Alexandre de Humbolt, un savant observateur des phénomènes qui se présentaient à lui. « Parmi les traits caractéristiques de Christophe Colomb, » dit-il, « méritent surtout d'être signalées la pénétration et la » sûreté de son coup d'œil avec lesquelles, *bien que dépourvu* » *d'instruction*, étranger à la science physique et aux sciences » naturelles, il embrasse et combine les phénomènes du » monde extérieur. A son arrivée *dans un monde nouveau* » *et sous un nouveau ciel*, il observe attentivement la » configuration des contrées, la physique des formes végétales, » les mœurs des animaux, la distribution de la chaleur et » les variations du magnétisme terrestre. Tout en s'efforçant » de découvrir les épiceries de l'Inde et la *rhubarbe (ruibarba)*, » rendue célèbre par les médecins arabes et juifs, par Rubruqui » (Van Ruysbroeck) et les voyageurs italiens, il observe avec » un soin scrupuleux les racines, les fruits et les feuilles » des plantes.... Dans son journal on trouve déjà soulevées » toutes les questions vers lesquelles s'est portée l'activité » scientifique, dans les dernières années du XVe siècle et toute » la durée du XVIe. » — « Chaque fois que quittant les côtes » d'Espagne, » dit Christophe Colomb lui-même, « je me dirige » vers l'Inde (lisez l'Amérique), je sens, dès que j'ai fait 100 » milles marins à l'ouest des Açores, un changement extra- » ordinaire dans le mouvement des corps célestes, dans la » température de l'air et dans l'état de la mer. En obser- » vant ces changements avec une attention scrupuleuse, j'ai

» reconnu que l'aiguille aimantée (*ajas de merear*) dont
» la déclinaison avait lieu jusque là dans la direction du
» N.-E., passait au N.-O. et après avoir franchi cette ligne
» (*raya*), comme on gravit le dos d'une colline *(como qui*
» *en transpone una cuerta)*, j'ai trouvé la mer couverte d'une
» telle quantité d'herbes marines, semblables à de petites
» branches de pins et portant pour fruits des pistaches,
» que les vaisseaux semblaient devoir manquer d'eau et
» échouer sur un bas fond. Avant la limite dont je viens
» de parler, nous n'avions trouvé aucune trace de ces herbes
» marines. Je remarquai aussi en arrivant à cette ligne de
» démarcation, placée je le répète à 100 milles ouest des Açores,
» que la mer s'apaise subitement et que presque aucun vent
» ne l'agite plus. Lorsque nous descendîmes des Canaries
» jusqu'au parallèle de Sierra-Leone, il nous fallut subir une
» chaleur terrible ; mais dès que nous eûmes franchi la limite
» que j'ai indiquée, le climat change, l'air s'adoucit et la
» fraîcheur augmente à mesure que nous avançons vers
» l'ouest. » Ces observations répétées par Colomb dans tout le
cours de son voyage, sur une foule de faits nouveaux qui
s'offrent à sa vue, sont d'un esprit sinon éclairé, du moins
éveillé sur la nécessité de l'étude et, dans l'histoire de sa
vie, ce n'est que par le contact avec l'enseignement scientifique de l'école de Sagres, que l'on s'explique cette tendance
d'esprit d'un marin dont l'éducation. première laissa beaucoup
à désirer.

Parmi les disciples de cette grande école nous signalerons
encore Fernand de Magellan ; son étonnant voyage complète et
synthétise les découvertes de Gama et de Colomb.

FERNAND DE MAGELLAN *(Fernaôa Magalhaens)* né à Porto
(Portugal) en 1470, d'une famille noble, avait reçu l'instruction
nautique alors commune à tous les gentilshommes du Portugal,
et fit ses premières armes en 1505 dans la flotte de Francisco
de Almeïda, sur les côtes de Malacca, où il se distingua par

un trait d'humanité qui lui fit grand honneur. En 1510 il prit part, avec Antonio de Abreu et Francisco Serrano, à une expédition envoyée par Albuquerque aux Moluques, d'où Abreu rapporta de grandes richesses.

Rentré en Europe Magellan fut employé dans la guerre d'Afrique ; il y reçut une blessure à la jambe qui, lésant un nerf, le laissa boiteux pour toute sa vie. Étant gouverneur d'Azamor, les habitants maures portèrent plainte contre les traitements que leur faisaient subir les officiers portugais, et le roi Emmanuel mal disposé peut-être contre Magellan, reconnut le bien fondé de leurs plaintes et fit adresser des reproches au gouverneur. D'un esprit susceptible et ombrageux, Magellan feignit de souffrir de sa blessure et demanda à rentrer en Portugal ; cette demande, contraire à la discipline, reçut une interprétation outrageante pour son honneur de soldat. Magellan donna sa démission, passa en Espagne et, afin que personne ne pût l'ignorer, fit constater par acte authentique et solennel qu'il renonçait à sa nationalité de Portugais et prenait ses lettres de naturalisation en Espagne. Cette grave détermination, dont les causes ne sont pas complètement indiquées, semble, jusqu'à un certain point avoir été justifiée, puisque les historiens les plus rigoristes, Barros et Faria y Sousa, ne trouvent aucune expression pour la blâmer. En 1518 Magellan épousa Beatrix Barbosa, fille du Portugais Diego Barbosa son parent, qui avait participé à la découverte de l'île de Sainte-Hélène en 1502 et, comme lui, avait renoncé au service du Portugal.

Magellan rencontra en Castille un autre Portugais, le licencié Ruy Faliero, cosmographe éminent, également tombé dans la disgrâce du roi de Portugal, on ne sait pour quelle cause. Les deux émigrés s'associèrent et dans leur ressentiment, conçurent un magnifique projet qui devait porter un coup sensible à la puissance maritime du Portugal, la conquête au profit de l'Espagne, des Moluques, dont Magellan avait constaté la richesse dans ses précédents voyages. Ce projet des associés reposait sur l'interprêtation de la bulle du pape Alexandre VI, qui partageait les possessions coloniales entre l'Espagne et le Portugal. Il résultait des termes mêmes de cette bulle que si l'on abordait aux Moluques, en suivant la côte d'Afrique vers l'est, la possession de ces îles appartenait incontestablement au Portugal ; mais que si l'on parvenait à les atteindre en traversant la *ligne de démarcation*, et naviguant toujours à l'ouest, le droit de possession pouvait être revendiqué par l'Espagne.

Les esprits étaient alors fortement excités par la belle découverte de l'océan Pacifique faite en 1513 par Nunez de Balboa, et par la description d'un pays, qui, d'après les renseignements recueillis des indigènes, était « si riche en or, que les plus vils instruments en étaient faits. » Tous les efforts tendaient à trouver un passage au travers du continent découvert par Colomb, passage vainement cherché par Colomb lui-même, pour ouvrir la voie et atteindre à cette contrée merveilleuse, à laquelle on avait donné le nom d'*El Dorado* (pays de l'or). Les tentatives de Yanez Pinzon et de Juan Diaz de Solis en 1508, — de Juan de Grijalva en 1518, — et même de Fernand Cortez en 1519, — n'avaient pas d'autre but. Dans une lettre datée de 1523 de Valladolid, adressée au gouverneur de la *Nouvelle Espagne*, Charles-Quint lui recommandait encore la recherche du *secret du détroit* (*il secreto del estrechio*) et dans sa réponse Fernand Cortez promet « d'y » employer toutes ses ressources financières et navales, voulant » disait-il, « ajouter un nouveau service à ceux qu'il avait » rendus jusque là, et le regardant comme le plus grand de » tous, *si toutefois le détroit existait (si se halla el* » *estrechio*) (1). »

Mieux inspiré, Magellan, au lieu de chercher à traverser le continent d'Amérique par l'isthme de Panama, avait conçu l'idée d'essayer le passage par le sud, ce qui pouvait également

____

(1) Ce fut l'origine du problème du *percement de l'isthme de Panama* dont la solution a été tentée de nos jours.

lui ouvrir la voie vers les Moluques. On assure que cette inspiration lui vint à la vue d'une carte, dressée par Martin Behaïm, qu'il avait examinée dans le cabinet du roi de Portugal; ce dernier fait paraît au moins douteux car, si en effet sur cette carte, le continent américain était terminé par une pointe analogue à celle de l'Afrique, offrant un passage ouvert comme le cap de Bonne-Espérance, on ne pouvait y voir qu'une expression de la fantaisie du dessinateur, la région n'ayant jamais été explorée. Cependant il est possible que la brouille survenue entre Magellan et le gouvernement du Portugal n'ait pas eu d'autre cause que l'énonciation de cette idée, qui seule, créait un péril pour le Portugal et ne pouvait qu'être repoussée d'une manière absolue par les conseillers du roi, comme ils avaient repoussé les projets de Christophe Colomb.

Quoi qu'il en soit, Charles-Quint approuva le projet de conquête des Moluques soumis par Magellan et Faliero, et accorda au premier, le 23 février 1518, avec le titre de capitaine général, l'autorisation d'équiper une flotte de cinq navires. Faliero devait s'y embarquer en qualité d'astronome. La cédule impériale adjoignait à Magellan l'Espagnol Juan de Carthagena pourvu de provisions secrètes pour succéder au capitaine général en cas de mort, avec le titre de *personne conjointe*.

Magellan s'occupa aussitot de former son escadre, où les Portugais se trouvèrent en grand nombre, puisque sur 237 officiers et matelots, on y comptait 8 officiers et 25 matelots lusitaniens (1).

(1) L'escadre était composée de la manière suivante :

Le *Trinidad* (120 tonneaux, vaisseau amiral commandé par le capitaine général Magellan). Ce navire fut capturé par les Portugais après son départ des Moluques.

Le *San-Antonio* (120 tonneaux — cap. Joan de Carthagena). Fit défection dans le détroit de Magellan et rentra en Espagne.

La *Conception* (90 tonneaux — cap. Gaspard de Queseda). Fut détruite aux Philippines, faute d'équipage pour la monter.

La *Victoria* (85 tonneaux — cap. Luiz de Mendoza). Acheva l'expédition et fut ramenée en Espagne par del Cano.

Le départ de l'escadre de Magellan fut entravé par des obstacles semblables à ceux rencontrés antérieurement par Christophe Colomb : Intrigues de l'ambassadeur du Portugal, Alvaro da Costa, qui, suivant le témoignage de Faria y Sousa, tenta de faire assassiner le capitaine général. — Opposition de l'évêque de Burgos, chargé des affaires espagnoles dans l'Inde, qui voyait avec dépit des étrangers placés à la tête d'une grande expédition espagnole et redoutait une trahison des Portugais. — Opposition de la population elle-même, soudoyée par le Portugal ; le jour de l'embarquement à Séville, 15 août 1519, Magellan dut repousser par la force une tentative de s'emparer de ses navires pour empêcher leur départ. — Enfin dissentiment entre les deux associés, pour une cause inconnue ; Magellan s'embarqua seul et Faliero retourna en Portugal, il y fut arrêté, puis relâché par l'intervention de l'empereur, et mourut fou, paraît-il. On a prétendu que Ruy Faliero, au moment de s'embarquer, consulta les astres et y vit le signe d'une issue fatale à son voyage, ce qui le fit reculer. Martin de Séville le remplaça et périt assassiné pendant l'expédition, à côté de Magellan.

Sauf la conception du plan original, le voyage de Magellan n'appartient pas, à proprement parler, à l'histoire de l'école de Sagres. Bornons-nous à rappeler qu'après avoir admirablement organisé ses équipages et pourvu à toutes les nécessités, Magellan rencontra, dans le groupe d'Espagnols relativement peu nombreux, qui composait son équipage (formé d'un ramassis de matelots de toutes les nations, parmi lesquels beaucoup de Flamands), la plus vive opposition, encouragée d'ailleurs par son second l'Espagnol Juan de Carthagena. Ce fut grâce à son indomptable énergie et en appliquant même des moyens d'une rigueur que l'on a jugée excessive, que le capitaine-général parvint à triompher de ces résistances. Informé, à la hauteur de Sierra-Leone, de l'esprit de révolte de Carthagena

Le *Santiago* (75 tonneaux — cap. Joao Serrào). Se perdit au cap Sainte Croix sur la côte du Brésil.

et de sa prétention d'avoir communication de tous les projets de son chef, et menacé même d'être mis aux fers par ses matelots, Magellan fit arrêter les coupables et ne parvint à s'en rendre maître que sur la côte du Brésil.

Partie de Séville, le 15 août 1519, la flotte atteignait au magnifique port de Santa-Lucia (Rio-de-Janeiro) déjà visité en 1511 par Pero Lopez (qui l'avait nommé Bahia do Cabo-Frio), le 20 septembre, après avoir subi l'entrave de calmes prolongés. Elle visita La Plata où, quatre ans auparavant, Juan Diaz de Solis avait failli être massacré par les indigènes ; puis, elle alla hiverner par 49° 30' de latitude sud, dans le beau port de Saint-Julien ; là les équipages furent soumis aux plus dures privations, l'insuffisance des vivres forçant le capitaine général à s'en montrer très ménager, afin de conserver des ressources pour la suite du voyage. Les Espagnols voulaient regagner l'Europe et Magellan ne domina leur révolte que par l'exécution de deux capitaines qui furent décapités et par le débarquement de Carthagena, instigateur de la révolte ; il fut abandonné sur la côte et réussit plus tard à regagner l'Espagne.

Au mois d'août 1520. après ces pénibles retards, la flotte reprit la mer vers le sud, ayant perdu un de ses navires envoyé en éclaireur, qui alla se briser contre des rochers. Le 21 octobre elle atteignit au détroit qui porte encore aujourd'hui le nom de Magellan ; la flotte réussit à le traverser non sans y avoir perdu un autre de ses navires, attendu longtemps au milieu des périls et dont ensuite elle apprit la défection et le retour en Espagne. Enfin elle entra le 28 octobre dans l'*océan Pacifique*, but des espérances de son amiral.

Après une navigation extraordinaire de plus de 4000 lieues, dans une mer si calme qu'elle reçut le nom de *Pacifique*, troublée seulement par les souffrances des équipages réduits dans leur détresse, à ronger les objets de cuir et épuisés par le scorbut, un hasard inexpliqué ne fit rencontrer à la flotte aucune terre pour se refaire, dans cet océan peuplé d'une myriade d'îles. Elle atteignit à des îles stériles et désertes dont la découverte ne pouvait qu'ajouter à son désespoir. La situation de ces îles n'a pu être indiquée depuis. Peu après elle en rencontra d'autres, le 6 mars 1521, dont les indigènes lui défendirent l'accès et que Magellan nomma *îles des Larrons* (Archipel des Mariannes). Enfin un archipel plus hospitalier fut atteint ; les équipages furent débarqués et se guérirent rapidement. Magellan le nomma *îles de Saint-Lazare,* nom changé depuis en *îles Philippines* en l'honneur de Philippe d'Autriche, fils de Charles-Quint (Philippe II.)

La flotte séjournait dans l'île de Zebu (Cebu) de l'archipel des Visagas, où Magellan n'avait pas eu de mal à faire reconnaître l'autorité du roi de Castille ; toujours prêt à payer de sa personne, le capitaine général fut malheureusement tué avec plusieurs de ses compagnons, le 27 avril, dans une échauffourée contre les indigènes de la petite île voisine, Mactan *(Magdan)*, qui montraient quelque velléité de résistance. Cette mort fut un deuil général pour la flotte.

Vincent François Antoine Pigafetta (ou Jérôme Pigaphète), qui accompagnait Magellan en qualité de volontaire et fut l'historiographe du voyage, retenu à bord par une blessure, dut à cette circonstance de ne pas périr avec lui. « Magellan, » dit Pigafetta « était orné de toutes les vertus ; il montra » toujours une constance inébranlable au milieu de ses plus » grandes adversités. En mer il se condamnait lui-même à » de plus grandes privations que le reste de son équipage. » Versé plus qu'aucun autre dans la connaissance des cartes » nautiques, il possédait parfaitement l'art de la navigation, » ainsi qu'il l'a prouvé en faisant le tour du monde, ce qu'aucun » n'avait osé avant lui (¹).

Privée de son chef, l'expédition se reforma sous les ordres de Duarte Barbosa, beau-frère du capitaine général et de Juan Serrano (ou Seraò). Peu de jours après, ces nouveaux chefs,

---

(1) Dans ce voyage il n'avait fait que la moitié du tour du globe, comme on l'a remarqué, mais précédemment il avait fait l'autre moitié, en allant aux Moluques par le cap de Bonne-Espérance.

moins prudents que Magellan, étant revenus dans l'île de Zebu,
y provoquèrent le mécontentement des indigènes. Le 1ᵉʳ mai
ils furent attirés dans un guet-apens, où Barbosa fut massacré
avec 27 matelots. Pris de peur le misérable Jean Carvalho
demeuré à bord des navires, fit aussitôt lever l'ancre, abon-
donnant à terre Serrano dont il jalousait l'autorité, sans
essayer de lui porter secours et le laissant livré à la fureur
des natifs.

La flotte, qui comptait encore trois navires, conduite par
Carvalho, chercha un refuge dans l'île de Cagayan, puis dans
l'île de Palaoan, sa voisine. Elle reconnut la nécessité de se
reconstituer et résolut de brûler un de ses navires, les équipages
étant devenus insuffisants pour en servir trois.

Réduite à deux navires elle visita Mindanao et Bornéo, se
livrant à la piraterie, faute de pouvoir se procurer des vivres
chez les indigènes, avec lesquels Carvalho ne réussissait pas
à lier des relations amicales. Il fut dépossédé de son commandement par ses équipages et le Basque Sébastien del Cano,
parti simple pilote, mais qui avait donné des preuves d'une
véritable capacité et d'une grande énergie pendant tout le voyage,
fut élu au commandement suprème.

Le 6 novembre 1521 la flotte dirigée par del Cano atteignit
à l'île de Ternate du groupe des Moluques, but assigné au
voyage par le capitaine général. Un négociant espagnol, nommé
Pedro Alonso de Larosa, établi depuis seize ans dans ces îles,
lui donna les premières nouvelles d'Europe depuis son départ.
Del Cano apprit par Larosa qu'aussitôt après le départ de
Magellan, le gouvernement portugais avait envoyé des flottes
en croisière pour s'emparer de lui au retour, dans les parages
de la Plata (côte du Brésil), au cap de Bonne-Espérance et
transmis des ordres semblables au gouverneur des Indes. Del
Cano se résolut aussitôt à un parti énergique pour tromper
cette surveillance.

L'un de ses deux navires (le *Trinidad*) était en trop mauvais
état pour pouvoir lutter à la course et défier les croisières.

Le chef de l'expédition décida de l'envoyer au Darien (Amérique centrale) sous le commandement de l'ancien alguazil de la flotte, Gonçalo Gomez de Espinoza, avec un équipage de 54 Européens, pour y décharger la riche cargaison de marchandises recueillie à grande peine, et qui se trouverait en sûreté dans une colonie espagnole. Lui-même, monté sur l'autre navire (la *Victoria*), meilleur marcheur, avec un équipage de 53 Européens et 13 Indiens, poursuivrait la route d'Europe par le cap de Bonne-Espérance.

La flotte reprit la mer le 31 décembre 1521. Dès le premier jour le *Trinidad* faisant eau de toute part, fut obligé de rentrer au port pour y subir des réparations et dans la suite, lorsqu'il se fut remis en route, il ne tarda pas à être pris par les Portugais.

Del Cano monté sur le *Victoria* traversa le détroit de Malacca, touchant successivement à Java, à Sumatra, puis gagna Ceylan, où il prit la résolution de chercher à atteindre au cap de Bonne-Espérance par la haute mer, afin d'échapper aux croisières. Son navire avait de nombreuses voies d'eau, fatiguant son équipage par un travail de pompe incessant ; à la hauteur de Mozambique, les matelots épuisés, n'ayant plus d'autre nourriture que de l'eau et du riz, les viandes salées étant pourries, insistèrent pour prendre terre. Del Cano résista avec énergie à toutes leurs supplications. Le 6 mai 1522 il doublait sans obstacle le cap de Bonne-Espérance, au large par 42° de latitude sud et, remontant ensuite la côte occidentale de l'Afrique, se trouvait le 9 juillet 1522 à la hauteur de l'Archipel du cap Vert. L'équipage était réduit à 32 hommes par les maladies, les privations et les fatigues. La dernière limite des forces était atteinte.

Del Cano aborda hardiment dans l'Archipel afin de tâcher de s'y ravitailler, et quoiqu'il y fut au pouvoir des Portugais. Il prit des mesures minutieuses pour se soustraire à la surveillance de ses adversaires et dissimuler le voyage qu'il venait d'accomplir, affirmant qu'il arrivait d'Amérique. Malheureuse-

mênt un matelot d'une chaloupe envoyée à terre eut l'imprudence de dire qu'il appartenait à la flotte de Magellan ; l'équipage
de la chaloupe, composé de 13 hommes, fut arrêté et del Cano
qui surveillait les mouvements du pont de son bord, prévoyant
une attaque, leva aussitôt l'ancre abandonnant les prisonniers (1).
Après tant de péripéties, le 6 septembre 1522 il abordait sans
encombre en Espagne, à la baie de San Lucar de Baremeda
avec un effectif de 17 hommes, (reste des 237 embarqués au
départ,) tous malades, et le 8 il débarquait à Séville ayant
accompli le premier le tour du monde (2).

Peu de jours plus tard, Pigafetta présentant à l'empereur
Charles-Quint le journal du voyage y inscrivait : « *La gloire
de Magellan survivra à sa mort.* »

Par son savoir et son énergie, autant que par son origine,
Magellan, (quoique naviguant sous pavillon espagnol), peut être
considéré comme le dernier représentant de l'école scientifique
et navale portugaise. Vasco de Gama et Christophe Colomb
parcourent l'un et l'autre une moitié du globe dans ses régions
inconnues ; Fernand de Magellan relie entre eux leurs travaux
et, après lui, on peut dire que la *découverte de la terre* est
achevée. « Il fit entrer dans le monde extérieur et visible »
dit Barchou de Penhoen, » ce que Gama et Colomb avaient
cherché dans un autre ordre d'idées. »

(1) Pigafetta avait très soigneusement tenu le journal du bord et fut
surpris d'apprendre qu'il débarquait un jeudi, tandis que son journal indiquait
un mercredi. Ce fut la première constatation du fait, aujourd'hui bien connu,
qu'on nomme le *saut du jour* dans les voyages de circumnavigation.

(2) Sébastien del Cano (Elcano ou Delcano), né dans la petite ville de
Guetaria du Guipuscoa, débuta comme pêcheur dans la mer du Nord. Il
s'était élevé par son mérite au rang de pilote, fonction qu'il remplissait au
départ de la flotte de Magellan qu'il fut appelé à commander ensuite.
L'empereur Charles-Quint récompensa sa conduite par une pension de
500 ducats et des lettres de noblesse. Sur son écusson ne se voyait qu'un
globe terrestre avec ces trois mots, éloquents dans leur simplicité : *Primus
Circumdedisti me.* Il mourut le 26 mai 1526, au sortir du détroit de
Magellan, chef d'une flotte chargée de renouveler ce grand voyage de
circumnavigation.

Voyages de Christophe Colomb (1493), Vasco de Gama (1497) et Fernand de Magellan (1519).

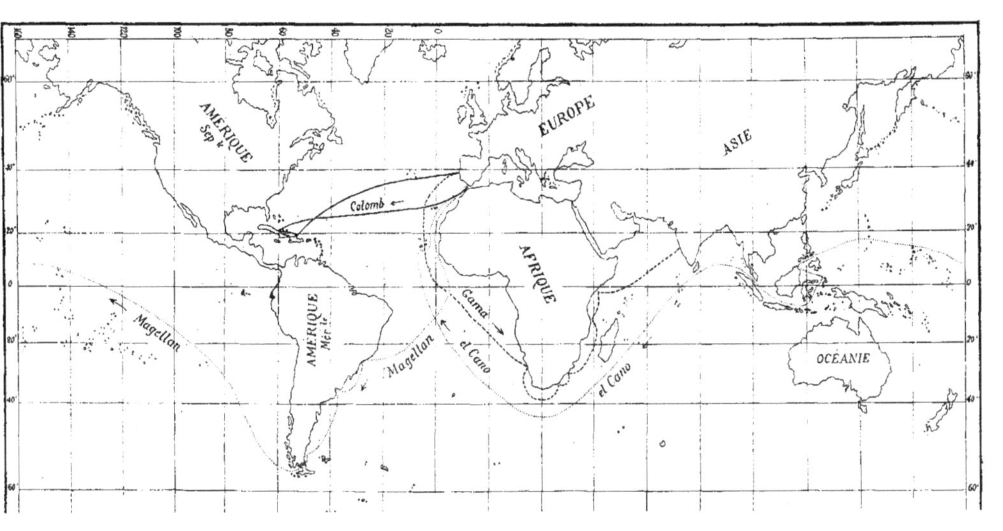

Plus tard le Portugal comptera encore beaucoup de marins illustres, les d'Albuquerque, Pacheco Pereira, Francisco d'Almeida, etc., mais ce n'est plus l'esprit scientifique qui les anime ; ils poursuivent une œuvre *politique, la conquête des hommes.*

Si l'on jette un coup d'œil d'ensemble sur l'histoire de l'école de Sagres, on ne peut se défendre d'un profond sentiment d'admiration. Supérieur aux hommes de son temps, animé de l'amour de la science qu'enoblit le patriotisme, le prince Henri fonde un puissant enseignement naval, amène la noblesse, qui jusqu'alors sait à peine lire, à s'en passionner ; avec une énergie et une persévérance indomptables, il surmonte les préjugés d'une société barbare et crédule, disposée à toutes les erreurs de la superstition, ouvre au commerce de son pays des horizons nouveaux, malgré la résistance du peuple, malgré l'opposition des gouvernants mêmes qui, après avoir disgracié et méconnu Diaz et Vasco de Gama en plein triomphe, obligent Colomb et Magellan à l'exil, les menaçant de mort. L'impulsion donnée par son génie est telle que l'œuvre commencée s'achève après sa mort par la force acquise, et mérite à son pays l'honneur d' « *avoir doublé la création.* »

Malheureusement l'œuvre achevée, tout semble retomber dans la barbarie. Le champ immense ouvert aux aventures surexcite les passions à l'excès. Aux explorateurs vaillants, succèdent des aventuriers héroïques encore, mais avides d'or, sans scrupules ; sous le masque de la foi, ils insultent au nom de Dieu et sèment leur route, tracée de sang, de ruines et de cadavres ! Aux Gemma et aux Colomb succèdent des monstres glorieux, Fernand Cortez et les Pizarre, les bourreaux des Aztèques et des Incas, de Guatimozin et des Atahulpa. Et cependant, au milieu d'événements pleins d'horreur, l'œuvre scientifique se continue ; la graine déposée dans le sillon n'est pas perdue et, pour qui sait lire dans l'avenir, emportée par le vent, elle renaîtra florissante, au gré du hasard, sur une rive lointaine. L'œuvre des fiers chevaliers du Christ portugais se continue chez de modestes marchands flamands, dont ils avaient fait choix pour diriger leurs comptoirs. Le Moyen Âge est fini, la Renaissance commence avec une splendeur inconnue du passé.

CHAPITRE VIII

Les colonies portugaises.

———————

L'extrémité la plus avancée de l'Europe au sud-ouest, le *promontorium sacrum* des anciens, se présente sous l'aspect d'une petite baie formée par deux pointes espacées de 7 kilomètres, entre lesquelles la côte se dessine en arc rentrant, garni au fond d'un amphithéâtre de rochers : la pointe méridionale est le promontoire de *Sagres*, la pointe occidentale le *cap Saint-Vincent.* « Pour les anciens, » dit Elisée Reclus, « le *promontoire sacré* était l'*éperon du navire de*
» *l'Europe.* D'après les récits antiques, ceux qui allaient
» voir du haut de ce cap le soleil se coucher dans la mer,
» le voyaient cent fois plus grand qu'il ne paraît ailleurs et
» pouvaient entendre le *sifflement* de l'astre immense s'étei-
» gnant dans les flots. Strabon se donne la peine de discuter
» et de combattre cette opinion populaire, bien conforme
» d'ailleurs, à l'idée que les Grecs non cultivés se faisaient
» des bornes du monde ; comme les caps occidentaux du
» pays des Callaïques et des Armoricains, le promontoire
» sacré paraissait être la *Fin du monde (Finis terrae),* mais
» au lieu de terminer le continent du côté des brumes et
» frimas, il avait au moins l'avantage d'être tourné vers la
» lumière du Midi. — Les dieux, dit Artémidore, venaient
» s'y reposer la nuit de leurs travaux du jour et de leur
» voyage au travers du monde, »
Sur cette pointe terminale de l'Europe, à la limite du

monde connu des anciens, une modeste pierre rappelle seule aujourd'hui le souvenir de l'illustre Infant Henri. Le promontoire de Sagres, bordé de rochers abrupts contre lesquels venaient rouler les flots, fermé à la gorge par un rempart qui s'étendait de la baie de Beliche à l'ouest, à la baie de Sagres servant de port à l'est, était autrefois une importante place forte dont le roi Jean Ier avait confié le gouvernement à son fils. Des édifices érigés par celui-ci, détruits par le temps et enfin effacés par le tremblement de terre de 1755, il ne reste plus que de rares vestiges, — des substructions au niveau du sol, que l'on prend pour d'anciens remparts et qui sont peut-être les fondements de la *Villa do Infante*, — des ruines d'une tour ronde, probablement l'observatoire astronomique du prince, — quelques restes d'une église, — et enfin, à la gorge du plateau, une tour de garde, formant sans doute l'entrée de la forteresse, dans laquelle a été placée en 1839, sous le règne de dona Maria II de Portugal et sous le ministère du vicomte de Sà da Bandiera, la pierre commémorative du célèbre ancêtre de la reine. La dépouille mortelle du prince, mort en ce lieu en 1460 ou 1463, fut d'abord inhumée dans l'église Ste.-Marie de Lagos, puis transférée en grande pompe, d'après les ordres du roi Alphonse V, dans le monastère de Batalha, non loin de Leiria (sur la route de Lisbonne à Porto) ; elle y repose dans une chapelle magnifique, à côté de ses parents et de ses frères.

La pierre érigée à Sagres porte en tête les armoiries du duc de Viseu, grand maître de l'ordre du Christ, ayant à droite une sphère armillaire, et à gauche un vaisseau naviguant sous voile sur l'Océan. Au dessous une double inscription en latin et en portugais, rappelle ses titres à la reconnaissance des Portugais et du monde entier, ses efforts pour reconnaître les côtes encore inconnues de l'Afrique, les colonies de l'Atlantique dont il enrichit le domaine politique du Portugal, ses tentatives pour ouvrir une route de circumnavigation de l'Afrique. Elle rappelle également le palais royal qu'il fit construire à Sagres, la création de la célèbre école de cosmographie, l'observatoire astronomique et l'arsenal qui y étaient annexés, enfin la merveilleuse énergie et la persévérance avec lesquelles le prince voua sa vie au progrès du royaume, de la science, de la religion et de l'humanité.

Jamais hommage de la postérité ne fut mieux justifié. C'est là en effet, sur ce plateau de Sagres, dans un petit ermitage des templiers, plus tard transformé en palais, que le prince Henri veillait comme une sentinelle avancée à la sécurité de sa patrie, toujours menacée par les Maures, et préparait loin de la foule, dans le silence et la méditation, l'œuvre conçue par son génie : *la recherche de la route des Indes.* Peut-être lui permettrait-elle un jour, suivant la recommandation que lui en avait faite son père en mourant, de reprendre la guerre sainte des croisades ? C'est là, qu'en face de l'immensité des mers, il épiait le retour des navires partis sur ses ordres à la conquête du monde, et qu'il priait pour les chevaliers chargés par lui de sonder le grand mystère. Peu de localités ont plus d'intérêt aux yeux de l'historien et du géographe !

Au point de vue géographique, le cap Saint-Vincent marque bien la limite où finit le *Monde ancien* et où commence le *Monde nouveau* que le prince Henri contribua puissamment à faire connaître. Il occupe une non moins grande place dans l'histoire, car c'est au cap Vincent que naît et se développe la navigation hauturière, si favorable au mouvement d'extension des peuples vers les horizons indéfinis ouverts à leur activité ! A l'état social ancien, voué à l'immobilisme, dont l'Orient conserve encore aujourd'hui les traditions, va se substituer une société nouvelle avide de progrès, de nouveauté, qui continue son évolution de nos jours dans l'Occident. Un homme de génie a dit avec vérité, ainsi que le rappelle l'illustre

géographe Karl Ritter : « Les peuples de l'Orient et de
» l'Occident se tournent le dos les uns aux autres ; les uns
» regardent le matin le soleil levant ; les autres contemplent
» le soir le couchant. Ceux-là restent fidèles aux antiques
» traditions du passé ; ceux-ci cherchent toujours, à travers
» un changement continuel des formes de leur existence, un
» avenir mystérieux qu'appelle leur désir.... »

Après avoir indiqué l'ensemble des faits constituant l'œuvre
de la conquête du globe physique de la terre, que les siècles
suivants auront à perfectionner, il n'est pas hors de propos
d'achever le tableau en faisant connaître les origines du
mouvement colonial qui en fut la suite, d'indiquer les causes
des erreurs dans lesquelles il fut entraîné, erreurs qui pèsent
encore sur les progrès modernes et dont notre devoir est de
chercher à nous affranchir.

» L'expédition de Vasco de Gama chantée par le Camoëns »
dit Vivien de Saint Martin, « a gardé pour nous un caractère
» héroïque ; tous les personnages qui figurent dans cette
» première phase de la puissance portugaise nous apparaissent
» à travers les siècles, sous des proportions qui appartiennent
» plus à la poésie qu'à l'histoire. C'est qu'en effet au milieu
» même des excès, il y a dans la succession rapide des
» événements, dans la bravoure indomptable des hommes, dans
» le mélange violent des ardeurs physiques de la soif de l'or
» et du prosélytisme religieux, enfin dans l'expansion impé-
» tueuse à travers les contrées immenses du sud, d'un peuple
» qui tient une si petite place sur la carte d'Europe, il y a
» disons-nous, dans cet étonnant spectacle de la fondation de
» l'empire portugais, quelque chose d'éblouissant et en même
» temps de chevaleresque, unique dans l'histoire. »

Dans cette période héroïque de l'histoire nationale portugaise,
les fautes sont voilées d'un tel masque de gloire, qu'il est
souvent difficile de ramener les faits à leur caractère positif,
de saisir leur portée philosophique. Lorsque l'on étudie par
exemple dans son ensemble l'œuvre du prince Henri, on

s'étonne à la fois de la précision toute scientifique avec laquelle elle s'achève, et des obstacles sans cesse renaissants qu'elle rencontre. La science lutte contre l'erreur, les préjugés, la superstition. Pour comprendre cette étrange antithèse, il est nécessaire de pénétrer dans les détails de l'état social au milieu duquel les événements s'accomplissent, et des transformations qu'il subit.

Au commencement du XIVe siècle, la société portugaise, à peine soustraite à la domination arabe, est encore essentiellement guerrière et féodale. Le temps n'est pas éloigné en effet où un descendant de Hugues Capet, Henri de Bourgogne, véritable chevalier errant émule du *Cid Campéador*, a réussi à conquérir sur les fils des Visigoths, dans le pays d'entre *Douro et Minho* et le *Tras os Montes*, un territoire que le roi de Castille lui concède en 1093 à titre de comté, avec la main de sa fille et Guimaraens comme capitale ; — où Alphonse son fils, premier roi de Portugal, aidé du concours d'Arnold d'Aerschot et de croisés flamands, en 1147, s'empare de Lisbonne, la nouvelle capitale du royaume, — où, en 1217, Alphonse II secondé encore par Guillaume de Wied et Guillaume de Hollande, venus des Pays-Bas, se rend maître d'Alcaçar-do-Sol et chasse les Maures de l'Estramadure et de l'Alentejo, — où enfin, en 1249, Alphonse III réussit à prendre possession des Algarves et à refouler définitivement les Maures en Afrique.

La nouvelle capitale, Lisbonne, riche en monuments qu'y a laissés la civilisation arabe, escale naturelle des flottes qui établissent la communication entre les contrées du Nord (particulièrement les Pays-Bas) et la Palestine, est déjà une ville très importante. « Une vieille légende allemande » dit M. Denis, « raconte qu'un chevalier ayant voulu voir à » Jérusalem, la plus belle cité de l'Europe dans un miroir

» magique, aussitôt *Lisbonne-la-Grande,* comme on disait
» alors, vint se peindre à ses yeux éblouis. »

La noblesse conquérante placée à la tête du gouvernement
du royaume, est essentiellement imprégnée du principe autoritaire si développé durant les croisades. Issue d'une longue
suite d'aïeux appelés au gouvernement des peuples par leurs
égaux, « *par la voix du peuple qui est la voix de Dieu* »,
elle règne en vertu d'un *droit divin,* consacré par l'Église
à chaque génération, autant que par le *droit de l'épée,* et
n'admet aucune contestation à son pouvoir.

Au dessous d'elle se trouve une race conquise, fortement
mélangée de sang arabe, qui lui inspire mépris et défiance,
et qu'elle tient prudemment dans l'ignorance et la plus abjecte
soumission.

La plèbe vassale à peine initiée au christianisme, mais
déjà très fanatique, demeure livrée aux préjugés d'une absurde
superstition empruntée à la fois à sa religion nouvelle et aux
souvenirs de sa foi ancienne. Le mal est si considérable qu'à
diverses reprises des règlements doivent être établis pour
réagir contre cet état de choses.

En 1385, la municipalité de Lisbonne ordonne « que dans
» cette cité et dans ses alentours nul ne puisse user, ni
» n'use de sorcellerie, de ligatures, d'appels au diable, ni
« d'enchantements, ni d'œuvre de *veadeira* (enchantement
» obtenu au moyen d'un os qu'on prétendait exister dans le
» cœur du cerf), ni de *carantulas* (caractères magiques), ni
» de gestes, ni de songes, ni de sortilèges ; qu'on s'abstienne
» de lancer la roue ou des sorts, et enfin de toute œuvre
» de divination.... Il n'est pas permis de mettre une ceinture
» constellée, ni de lancer un mauvais œil sur quelqu'un,
» non plus que de *jeter de l'eau sur le van* (le van exerçait
» un grand rôle dans les opérations magiques).... » En 1403
une nouvelle ordonnance dit encore : « Que nul ne soit si
» osé de chercher de l'or ou de l'argent, ou quelqu'autre
» bien, en jetant la baguette, en traçant des cercles, en

» regardant dans des miroirs, ou en usant de quelque autre
» moyen. » La croyance aux magiciennes *(feiticieras)*, aux
sorcières *(bruxas)*, aux loups-garous *(lubis-homems)* était
générale.

La noblesse, exclusivement livrée aux exercices physiques
qu'exige la profession des armes, vit dans une égale ignorance
et peu à peu subit elle-même l'influence des préjugés qui
règnent dans les classes inférieures.

Au commencement du XVe siècle, l'instruction est encore si
bornée, qu'une statistique des professions exercées à Lisbonne
en 1550, heureusement parvenue jusqu'à nous, nous apprend
qu'on n'y rencontrait que 7 maîtres de grammaire, 34 maîtres
enseignant à lire, mais les écoles de danse, de musique,
d'escrime y sont innombrables. Pour les jeunes filles il n'y
a que 2 femmes enseignant la lecture, mais on y voit plus
de 450 orfèvres vendant des objets de parures....

Ce fut dans ce milieu que le prince Henri, préparé par la
forte instruction des ordres monastiques dans lesquels s'était
réfugiée toute la science de ce temps, chercha à faire prévaloir
ses idées pour le développement intellectuel de son pays et
l'on conçoit aisément les difficultés qu'il eut à vaincre. Le
voyant en relation constante avec des représentants des races
maudites, des juifs, des musulmans réputés pour leur savoir,
mais aussi accusés de nécromancie, on alla jusqu'à mettre
en doute son orthodoxie, quoiqu'il fût chef d'un ordre religieux.
Ses études ne pouvaient être que des œuvres de cabalistique.
« Pourquoi » disait-on, « détourner dans des expéditions
» maritimes des bras si nécessaires à la guerre, au progrès
» de l'agriculture ?.... N'est-ce pas *tenter le diable* que de
» chercher à dérober à la mer ses secrets ?.... »

Au XVe siècle, après la découverte des îles, cette situation
subit déjà des modifications profondes.

Lisbonne, l'ancienne ville arabe, devient une importante cité mercantile. Le trafic s'y accroît dans des proportions énormes et les flottes y apportent : « l'or en nature, le coton, » l'ivoire et des objets travaillés habilement avec cette matière » précieuse, l'ébène, la malaguette, des cuirs de bœufs et » du maroquin, des nattes de tissus de folioles de palmiers, » des draps de coton, du poivre long, du riz, le gingembre, » la muscade, le maïs, la cinamone, le clou de girofle, la » rhubarbe, les myrobolans de toutes espèces, la casse, le » tamarin, le safran, le bois d'aloès, le sandal rouge et blanc, » la laque, les pierres précieuses, les perles renommées du » golfe d'Ormuz. »

L'ancienne cité, devenue insuffisante pour contenir sa population, s'accroît de deux immenses quartiers, l'un au sud, la *villa nova de Gibraltar*, l'autre au couchant, la *villa nova de Andrade*. Avec plus d'orgueil encore que par le passé, on célèbre sa splendeur ; un vieux dicton dit : « *Qui ne voit point Lisbonne, n'a rien vu de beau.* (Quem não vi Lisbôa, não ve cosa boâo). »

Avec la prospérité, des changements s'introduisent dans la constitution de la société elle-même. Dès les premiers succès obtenus par le prince Henri, le peuple s'éprend des aventures lointaines qui lui arrachent des cris d'enthousiasme. « Y avoir » pris part, » dit un auteur contemporain, « est un titre » d'honneur qu'une femme prise fort pour faire choix d'un » époux. » Les étrangers eux-mêmes accourent en foule à Lisbonne pour y concourir : « Tous les esprits, » dit de Humboldt, « étaient possédés du vertige des découvertes sur » terre et sur mer, et les circonstances, malgré l'absence de » liberté politique, favorisaient le développement de grands » caractères individuels et aidaient quelques hommes supé-» rieurs à accomplir de grandes pensées dont la source est » dans la profondeur de l'âme. » On vit tout à coup s'élever des fortunes de 5000 à 40000 ducats de revenu annuel, sommes considérables pour cette époque, et des hommes sortis des rangs du peuple obtenir la noblesse par leur courage.

Cette aristocratie nouvelle, enivrée de sa richesse, se montre aussi autoritaire que l'ancienne ; redoutant la concurrence des fortunes nouvelles qui se fondent, elle use de son crédit dans le gouvernement pour y créer des entraves à son profit personnel, par l'établissement de systèmes prohibitifs variés, éternel refuge des classes qui possèdent contre celles qui s'élèvent.

Lorsqu'en 1502, au retour de Vasco de Gama, le roi Manoel assemble le conseil afin de décider s'il convient d'organiser une grande expédition aux Indes, pour y recueillir les fruits de ses découvertes, on lui oppose les pertes de navires et d'équipages que ces expéditions entraînent, le travail excessif qu'elles imposent aux marins, tout comme par le passé on avait opposé aux projets du prince Henri la pénurie du trésor et le besoin de bras pour l'agriculture ; il faut toute l'énergie du roi pour triompher de cette résistance. Rien n'est épargné pour arrêter l'initiative privée ; après leur succès, Gama et Diaz ne récoltent que la disgrâce, Colomb et Magellan sont obligés de porter leurs efforts à l'étranger.

L'esprit autoritaire qui chaque jour s'accentue davantage au XVIe siècle dans les classes dirigeantes du gouvernement de l'État, comme dans celui de l'Église, eut pour résultat de créer dans la société chrétienne de l'Europe un abîme entre elle et les classes inférieures vassales ; dans les colonies où règne le paganisme, cet esprit se transforme en véritable hostilité, sous l'empire des idées religieuses. Sans essayer de retracer l'histoire si complexe du mouvement colonial portugais, nous indiquerons à grands traits ses principales conséquences qui se sont fait sentir jusqu'à notre époque.

L'esclavage, institution d'État, se pratiquait dans l'empire romain sous les formes singulièrement adoucies de la vassalité domestique. Ce fut au milieu de la classe asservie que le christianisme fit les plus grands progrès et trouva les plus fervents adeptes. Grâce aux principes d'égalité et de fraternité, qui formaient avec l'esprit de protection des faibles et des déshérités, la base de la doctrine du Christ, l'esclavage tendait à disparaître en Europe, lorsque tout à coup, à l'époque des croisades il réapparut dans les plus terribles proportions. Les pieux chevaliers, qui portèrent leurs armes en Palestine, après avoir triomphé des infidèles et conquis le Saint-Sépulcre, n'imaginèrent rien de mieux pour consolider leur conquête, qu'une œuvre de prosélytisme, par laquelle ils espéraient transformer en alliés fidèles les prisonniers conquis. Dans leur foi naïve, ils ne doutaient pas que tels devaient être les effets de la grâce conférée par le baptême qu'ils leur faisaient administrer de gré ou de force, avec un empressement extrème.

Le résultat ne répondit pas à leur espérance et pour conserver ces catéchumènes malgré eux, il fallut les garder en captivité, c'est-à-dire, rétablir l'esclavage. Nul n'imaginait qu'après une période de salutaire réflexion, ces nouveaux chrétiens puissent mettre en balance le regret de leur liberté, avec l'inappréciable bonheur d'être sauvés des tourments de l'enfer, que redoutaient les croisés plus qu'ils n'adoraient l'ineffable bonté du Créateur. Dans cet âge de superstition grossière, de croyance aveugle, l'esclavage devint ainsi une institution d'apparence si naturelle qu'on le vit même pratiquer par les ordres religieux, les Templiers, les Hospitaliers, placés directement sous la discipline du Saint-Siège, sans qu'il y mit obstacle. On montre encore aujourd'hui à Malte la chiourme où les chevaliers enfermaient leurs esclaves, condamnés à ramer sur les galères, auxquels, hélas ! ces pieux religieux, qui avaient fait vœu de chasteté, ne manquaient pas de joindre de *belles captives !*

Dans la guerre féroce et sans merci des Espagnols et des Portugais contre les Maures, en quelque sorte la prolongation des croisades, le système de conquête prit de très larges proportions, encouragé par le Saint-Siège qui excitait les chrétiens de l'Ibérie, par ses objurgations et ses encouragements incessants, à la christianisation des infidèles. Dans la société crédule et fanatique dont nous avons montré l'existence à Lisbonne, il ne faut pas espérer trouver des sentiments plus délicats que ne le comportait la civilisation du temps ; il est certain que sous l'administration du prince Henri, l'esclavage prit de grandes proportions en Portugal. « L'infant Henri » remettait le drapeau de la croisade aux capitaines, qui » partaient faire des découvertes, sous serment que jusqu'à » la mort jamais ils ne l'abandonneraient, s'obligeant à le » défendre jusqu'au dernier moment, et avec cette bannière à » la main ils attaquaient les populations et captivaient les » musulmans. » D'après une statistique dressée en 1541 par Rodriguez de Oliveyra, on importait chaque année plus de 22.000 esclaves de la Nigritie et ces esclaves formaient la principale richesse de l'ordre du Christ, dans les Algarves, et la source d'un commerce très productif. En dépit des préceptes de la Foi, l'esclavage était devenu une institution sociale pénétrant dans la vie des familles et que chacun considérait comme toute naturelle ; le païen ayant résisté à la parole du Rédempteur était envisagé comme un être inférieur, digne de mépris et propre seulement à la servilité. « Ici nous sommes tous nobles, » écrivait le voyageur Nicolas Kleinart, « et nous ne portons » rien dans les mains par les rues... Pensez-vous qu'une mère » de famille daigne acheter son poisson ou cuire ses herbes » elle-même ?... elle ne sert de rien au ménage que par sa » langue pour défendre le titre de ses noces.... Tout se fait » par le ministère des esclaves maures et éthiopiens, dont la » Lusitanie, et Lisbonne surtout, sont si remplies qu'il y en » a plus, apparemment, que de sujets libres... Point de maison » où l'on ne trouve au moins une servante maure esclave ; » c'est elle qui achète, qui balaie, qui lave, qui porte l'eau, » enfin qui fait tout ; véritable jument de somme, ne différant

» de la jument que par la forme.... Les riches possèdent un
» grand nombre de ces esclaves des deux sexes avec lesquels,
» par un effet de la licence des mœurs, il se fait un grand
» commerce de nouveaux-nés au profit du maître, celui-ci les
» cédant pour de l'argent à quelque amateur éloigné... »

En général les conditions de cet esclavage domestique
étaient assez diverses : « Il y avait des dames portugaises
» veuves » dit Azurara, « qui traitaient les jeunes captives
» sur le pied d'égalité avec leurs filles, en leur laissant des
» biens par leurs testaments, afin qu'elles arrivassent à se
» marier et qu'elles fussent considérées comme libres. —
» Moi-même, dit-il, je fus invité par des dames à assister
» au baptême et au mariage de plusieurs captives, fêtes dans
» lesquelles on observait le même cérémonial que s'il se fut
» agi d'une personne de la plus haute condition. »

L'esclavage semblait un fait si légitime que ce fut animé
d'une pensée toute philanthrophique que le vénérable évèque
Las Casas, surnommé l'apôtre des Indiens, après avoir constaté
l'énorme mortalité des Indiens employés au travail des mines
en Amérique, tandis que les nègres amenés dans la domesticité
des Espagnols résistaient beaucoup mieux, proposa à l'empereur
Charles-Quint d'y importer chaque année 4000 indigènes d'Afrique,
qui y trouveraient une condition servile beaucoup plus douce
qu'en Espagne même. Le commerce d'esclaves prit dès lors
un très rapide développement.

Si l'on peut reprocher au prince Henri et aux Portugais
d'avoir contribué à donner à l'esclavage des proportions ignorées
auparavant, il serait injuste cependant de leur « jeter la pierre »,
car ils subissaient l'influence des préjugés de leur temps, et
furent sans doute moins coupables que les Espagnols qui en
tirèrent d'abord le principal profit en Amérique, et même que
les *pirates flamands* en 1517 sous le règne de Charles-Quint,
guidés uniquement par l'esprit mercantile, lorsqu'ils acceptèrent
d'importer dans les colonies espagnoles un premier envoi de
4000 nègres capturés sur la côte d'Afrique. De nos jours

séulement on a commencé à comprendre la profonde *immoralité* du système que l'on s'efforçait de justifier comme moyen de conversion des infidèles. « En 1448, » constate avec une vive satisfaction Azurera, « sur 927 esclaves importés en Portugal, » la plus grande partie fut remise dans le *Véritable chemin* » *du salut !* » A une époque toute moderne, n'avons-nous pas vu encore, sous le règne de Louis XIV, après la révocation de l'édit de Nantes, condamner aux galères les huguenots qui refusaient de faire profession de foi catholique ! La faute des hommes de tous les temps a été de vouloir, dans leur extrême présomption, imposer aux autres par la force les idées qu'ils croient justes, sans admettre qu'eux-mêmes puissent verser dans l'erreur.

La chasse aux esclaves pour approvisionner ces transports illicites, eut ce résultat déplorable dans les colonies portugaises d'Afrique, d'y provoquer la résistance des indigènes, dont on n'eut raison que par l'esprit d'autorité déployé à l'excès, par l'emploi de la force, ou encore par la corruption d'autres tribus dont on cherchait à se faire des alliés. C'est avec raison qu'on dit en Afrique que l'action européenne et chrétienne, loin d'y apporter la civilisation, n'a fait qu'ajouter aux vices des sauvages à l'état de nature, ceux des civilisés. Il a fallu trois siècles pour détruire ce commerce de forbans dissimulé honteusement sous le nom de *commerce de bois d'ébène,* et introduire sous ce rapport, dans la civilisation chrétienne, des idées plus morales !

En 1454 le pape Nicolas V, usant des droits de chef de la chrétienté, que nul alors ne songeait à lui contester, afin d'encourager le prince Henri dans ses efforts pour repousser les Maures du Portugal et christianiser les infidèles, trouva légitime de lui concéder la souveraineté des terres qu'il parviendrait à conquérir. De quel droit disposait-il de territoires qui ne lui appartenaient pas et dont l'existence même n'était que supposée ? Dans le monde chrétien de cette époque on considérait comme illicite la dépossession d'un prince régnant en vertu du *droit divin* conféré par l'élection d'un peuple chrétien et reconnu par l'Église, et ce n'était qu'après l'avoir expulsé de l'Église par l'excommunication qu'on admettait cette dépossession. Dans le monde païen, semblable droit au gouvernement ne pouvait être admis, l'excommunication existant de fait, et rien n'empêchait de disposer d'un pouvoir jugé illégitime. Le pape en accordant au prince Henri la souveraineté de pays infidèles, usait, disait-on, du *droit supérieur de la civilisation sur la barbarie,* que plus tard on chercha à justifier encore par un autre sophisme, en affirmant que *les sauvages étant nomades ne possédaient pas réellement la terre sur laquelle on les rencontrait et où ils ne séjournaient que de passage, et que celle-ci pouvait par conséquent être considérée comme libre.*

Lorsqu'à la suite de la découverte de l'Amérique, le pape Alexandre VI limita la concession en quelque sorte illimitée faite par son prédécesseur aux Portugais, en partageant le monde entre les Portugais et les Espagnols, par la définition dogmatique de la *ligne de démarcation,* il obéissait, sans nul doute, autant aux tendances de son patriotisme d'Espagnol, qu'à un désir généreux d'établir la concorde entre deux peuples chers à l'Église, mais sans prévoir les résultats excessifs de cette prétention du Saint-Siège au gouvernement du monde temporel. " La science cosmographique, " dit Vivien de Saint-Martin, " était encore tellement flottante pour un " grand nombre d'esprits, qu'il ne se présenta pas à la " pensée des rédacteurs de la bulle que les Portugais et les " Espagnols, en poursuivant leurs découvertes respectives, " les uns à l'est, les autres à l'ouest, devaient l'un et l'autre " se rencontrer dans l'autre hémisphère, et que dans les termes " où elle était conçue, la bulle conférait aux deux puissances

» exactement les mêmes droits, sauf la priorité, sur toute » l'étendue du globe ».

Loin de contribuer à établir la paix entre deux voisins jaloux l'un de l'autre, la décision du successeur des apôtres, représentée bien à tort comme une inspiration divine, développa entre eux l'hostilité que nous avons vu apparaître au sujet des voyages de Colomb et de Magellan et à laquelle toutes les nations de l'Europe évincées du partage ne tardèrent pas à prendre part. « Je voudrais bien voir, » disait plaisamment le roi de France, François Ier, « le testament du père Adam » par lequel il a partagé le monde entre les Espagnols et » les Portugais, sans m'en laisser un pouce. »

En vain Espagnols et Portugais invoquèrent-ils ce droit protectionniste, conféré par l'Église, sur les immenses territoires découverts par eux, qu'ils étaient impuissants à garder, à utiliser et dont ils s'efforçaient de justifier la possession par un *droit de découverte* ; toutes les nations de l'Europe voulurent y avoir leur part et bientôt les premiers furent débordés par des forces supérieures.

Les explorateurs portugais avaient jalonné toutes les côtes de l'Afrique méridionale, depuis le cap Bojador jusqu'à Mélinde, de leurs *padrons*, en signe de la primauté d'ailleurs incontestable, de leur découverte ; mais il est curieux de constater qu'en invoquant le *droit de découverte*, jamais ils ne s'expliquent sur l'étendue vers l'intérieur, des terres sur lesquelles ils entendaient se prévaloir de ce droit. Ce qu'ils voulaient en effet, tout l'indique, en revendiquant la possession des côtes de l'Afrique, c'était avant tout rester maîtres de tous les points d'escale de la route des Indes, pour l'exploiter à leur profit et l'interdire aux étrangers. Impuissants à défendre cette étendue immense de côtes, ils se bornèrent à en occuper les points principaux en y fondant des établissements de distance en distance. La possession même du territoire de l'Afrique leur importait peu, comme le prouvent les mesures prohibitives appliquées à son commerce au profit du commerce des Indes (¹).

Mal inspiré par cette pensée égoïste de conserver à son profit exclusif les conquêtes qu'il devait à l'héroïsme de ses enfants, en dépit des droits imprescriptibles des sauvages possesseurs du sol et que sous prétexte de christianisation il séparait, comme par une ceinture de fer, des bienfaits de la civilisation, mal inspiré, disons-nous, le Portugal fut amené aux plus douloureux sacrifices d'amour-propre. Occupés par des gouverneurs inhabiles, souvent tyranniques, loin de toute surveillance de la mère-patrie, les établissements de la côte d'Afrique devinrent fréquemment des foyers de révoltes provoquées presque constamment par la traite des nègres. La frontière fut rompue à la fois par la pression provenant des convoitises de l'extérieur et par les résistances de l'intérieur. C'est ainsi qu'en 1641, grâce à une insurrection des indigènes, les Hollandais réussirent à s'approprier le bel établissement d'Elmina ; qu'en 1652 encore ils s'emparèrent du cap de Bonne-Espérance que le Portugal avait laissé inoccupé.

Par la force des choses le droit de possession se trouva limité par un accord unanime des nations civilisées, à *l'occupation effective* justifiée par des établissements susceptibles de développement et marquant une volonté de civilisation réelle ; système auquel, dans sa fierté de conquérant et ses tendances autoritaires, le Portugal eut toujours beaucoup de mal à se soumettre.

---

(1) Ce n'est qu'à une époque toute récente que le Portugal semble diriger ses explorations vers l'intérieur de l'Afrique et entrer dans la politique des questions de l'*Hinterland*, suivant l'expression moderne (c'est-à-dire de l'arrière-pays). Sauf quelques indications vagues sur des voyages exécutés à l'intérieur par les jésuites de Goa, dont on a retrouvé çà et là des traces, les plus anciennes explorations connues à l'intérieur ne remontent qu'à 1686 lorsque Balthazar de Ribello tenta vainement un voyage transcontinental, et à 1798 lorsque le colonel du génie de Lacerda partit de Mozambique et atteignit à peu près au point à l'intérieur visité en 1785 par Grégoire de Mendès qui venait de l'Angola.

Il est juste cependant de rappeler une tentative, inspirée par des sentiments vraiment civilisateurs, faite par le Portugal à l'époque de ses grandes conquêtes, ayant pour but d'assurer la colonisation par le concours même des indigènes. Cette tentative nous donne déjà l'idée de la forme de gouvernement colonial que nous désignons aujourd'hui sous le nom de *Protectorat*.

Nous avons vu, en 1484, la flotte dirigée par Diego Cam et Affonso d'Alviera, sur laquelle se trouvait le *Flamengo* Martin Behaïm, atteindre sur la côte d'Afrique, par 6° 8' de lat. S., à l'estuaire d'un grand fleuve. Elle y planta un padron et le nomma le *Rio Padrao*, ou, suivant Martin Behaïm, le *Rio Paderoso* (rivière puissante), hypothèse d'autant plus probable qu'en effet ce fleuve fait sentir son influence très loin en pleine mer. Par la suite ce nom fut changé en celui de Zaïre, provenant d'après un ancien écrivain portugais, le P. Merollo, d'une fausse interprétation de la réponse des indigènes, qui à la demande du nom du fleuve, répondirent « *Zevoco* (je ne comprends pas). Stanley suppose, selon l'usage général des indigènes d'Afrique de désigner les accidents naturels par leur dénomination générique, que ce mot provient de l'expression *Nzari*, *Nzali*, *Nzaddi*, *Niadi*, etc. qui, en langage indigène signifie *rivière*. Les Portugais débarqués sur sa rive gauche y trouvèrent une population douce et hospitalière, qui leur fit accueil ; un chef de la contrée leur apprit qu'ils se trouvaient dans une province nommée *Sonho* (ou *Sogno*) d'un État plus puissant, nommé *Congo* ou *Ca Congo* (¹), dont le chef résidait à *Ambassi*. Ce bon accueil fit espérer aux Portugais de s'assurer facilement la possession de la contrée. Entrés en relation avec le chef d'Ambassi, celui-ci leur confia ses craintes au sujet de voisins remuants qui menaçaient ses États. Ils lui conseillèrent d'envoyer une ambassade au roi de Portugal,

---

(1) Ce n'est qu'au XVIIᵉ siècle que le nom de Congo s'est substitué à celui de Zaïre pour désigner spécialement le fleuve.

pour solliciter son appui contre leur invasion. Ces ouvertures furent bien reçues et les voyageurs ramenèrent en Portugal un chef nommé Caçuta, avec un assez grand nombre d'indigènes, tandis qu'ils laissaient dans le pays de Sonho, sous prétexte de servir d'otage, un petit poste de Portugais, qui s'établit dans un fort du nom de *St.-Antoine* ainsi qu'un missionnaire chargé d'évangéliser les sauvages. A leur arrivée en Portugal, les ambassadeurs nègres conduits à Beja, y reçurent du roi Jean II un généreux accueil et consentirent sans difficulté à recevoir le baptême. Le roi et la reine servirent de parrain et de marraine à Caçuta, tandis qu'à leur exemple, les seigneurs de la cour se disputaient ses compagnons comme filleuls. Ces envoyés de la cour du Congo firent en Europe un séjour de deux ans, dont on profita pour leur donner une certaine instruction ; puis ils furent rapatriés en 1490.

La flotte qui les ramenait en Afrique était commandée par Gonçalo de Souza ; il mourut en route et fut remplacé par son neveu Ruy de Souza. Elle était accompagnée par de nombreux missionnaires. Aussitôt débarqué à Sonho, le chef de la province conduisit les Portugais près de son suzerain, auquel ils étaient chargés d'offrir de riches présents du roi de Portugal, (que les nègres nommaient *M'Poulou* c'est-à-dire *roi de la mer*). Dès leur arrivée les Portugais eurent l'occasion de rendre des services au chef sauvage dans une guerre contre l'un de ses vassaux révoltés. En reconnaissance de cet appui, le chef d'Ambassi consentit à être baptisé avec les principaux seigneurs de sa cour ; il eut le roi de Portugal pour parrain et reçut le nom de *Jean* tandis que son fils aîné recevait celui d'*Alphonse* que portait le prince héritier du Portugal. Ambassi prit dès cette époque le nom de *San-Salvador*.

L'État du *Congo*, *Basse-Guinée* ou *Négritie méridionale*, s'étendait depuis le Zaïre jusqu'à la rivière nommée Rio Loje près d'Ambriz, et depuis la mer jusqu'au Kuango. Dans leur ignorance des mœurs de ces peuplades, les Portugais crurent pouvoir y constituer un gouvernement féodal à l'imitation des gouvernements européens. L'État fut régulièrement partagé en provinces, dont la direction fut donnée à des chefs indigènes ; suivant leur importance, ils reçurent le titre de *duc de Bamba, de Sando*, de *marquis de Pemba*, de *comte de Sogno*, etc.

Les indigènes se prêtaient avec complaisance à cette grotesque imitation des gouvernements européens (¹), qu'accompagnaient de très généreux présents. Ils acceptaient également le baptême sans difficulté. « Le roi du Congo » dit Stanley, « possédait » un vrai tempérament de prosélyte, car les Portugais » réussirent dans leur œuvre de christianisation, au point » que presque tous les indigènes occupant des situations » officielles se rendirent peu après à la mission établie à » San-Salvador, pour s'y convertir et s'y faire baptiser. » Une cathédrale et plusieurs églises furent construites à leur » usage et l'histoire nous parle de la nomination d'un évêque, » décrétée en 1534 ».

La facilité avec laquelle ce système politique se constitua au Congo, excita un vif enthousiasme en Portugal. Ses partisans nommés dès lors des *Congolants* (ou *Congolans*) (²), dans leur prodigieuse outrecuidance de civilisés et de chrétiens, ne doutaient pas de la possibilité de l'étendre sur toute la côte d'Afrique, et d'y assurer la domination du Portugal par l'envoi de quelques missionnaires pour initier les indigènes aux bienfaits de la vie civilisée, pendant que les forces militaires du Portugal étaient toutes employées à la conquête bien plus importante de l'Inde. Les événements trompèrent leur optimisme. « En 1550, se produisit au Congo » dit Stanley, » une incursion de sauvages Ajakkos, diversément nommés » Jaggos, Giagos, Yakkos, qui envahirent tout le pays en le » mettant à feu et à sang et détruisirent la ville chrétienne

(1) Une imitation du même genre s'est reproduite de nos jours à Haïti, par Soulouque, le fantoche qui se croyait l'émule de Napoléon.

(2) Suivant Bescherelle ce mot *Congolan* a été appliqué pour désigner les habitants mêmes du Congo, mais de nos jours il a été remplacé dans l'usage, par le mot plus juste de *Congolais*.

» de San-Salvador, avec sa cathédrale et ses églises. Le
» roi, la cour, les missionnaires s'enfuirent au Congo à
» l'approche des envahisseurs et se réfugièrent dans l'*île des*
» *Chevaux*, — une des grandes îles voisines de Boma, —
» probablement, car au dessus de cette contrée, on ne rencontre
» aucune île capable d'abriter un grand nombre d'individus. »

Une demande de secours fut adressée au roi de Portugal
qui, en 1559, y envoya sous les ordres de Paul Diaz (descendant
de l'illustre Barthélemy Diaz), un petit corps de 600 hommes.
Après avoir rétabli le roi du Congo, Diaz n'aboutit réellement,
au point du vue colonial, qu'à la création de l'établissement
de Saint-Paul de Loanda. Le pouvoir exercé par le Portugal
sur le Congo ne fut plus que nominal.

Des voyageurs modernes ont retrouvé les vestiges de ce
singulier établissement colonial, parodie ridicule d'un gouvernement européen. Les ruines d'une église bâtie par les missionnaires portugais existent encore à San-Salvador et non loin
de là, dans un village, les nègres conservent précieusement
des objets religieux, qu'ils cachent avec soin aux blancs, comme
objets *fétiches*. Une vague tradition du culte chrétien est
tout ce qui en est resté.

Rentrée dans la barbarie dont elle n'était sortie qu'en
apparence, la Basse-Guinée ne tarda pas à devenir l'un des
foyers les plus actifs de la traite des nègres que les gouverneurs de Loanda étaient impuissants à réprimer, quand
ils ne l'encourageaient pas à leur profit personnel. Le Bas-
Congo devint le théâtre des crimes les plus effroyables auxquels
l'Europe et l'Amérique participèrent par leurs négriers, qui en
firent le siège principal de leur odieux commerce.

Les tendances autoritaires du gouvernement portugais se
retrouvent encore dans l'organisation de son régime commercial.
A l'inverse de Venise où le commerce s'exerçait librement

par tous les citoyens, en Portugal il demeurait un privilège de la royauté, un monopole au profit de l'État. Toute expédition commerciale d'outremer devait être autorisée par le souverain, qui prélevait une part de ses bénéfices. Dans les colonies les marchandises étaient livrées aux agents du roi en vertu de contrats de vassalité, tantôt par le peuple, tantôt par les souverains indigènes. Transportées alors en Europe, elles étaient vendues au bénéfice de l'État et le produit était employé aux services publics, mais aussi très fréquemment à enrichir de grandes familles pour récompenser des services signalés rendus au roi et à l'État. Ce système contribuait à encourager les grandes actions, donnait naissance à des fortunes exceptionnelles, mais le peuple n'y avait aucune part.

Les idées les plus étroites régnaient dans ce régime commercial. Après la découverte de la route de l'Inde, tout l'effort de l'activité mercantile se concentra sur les riches produits du Malabar et les autres colonies furent à peu près abandonnées ; le botaniste belge Charles de L'Ecluse (Clusius) nous apprend qu'un édit royal défendit le commerce du *poivre* à queue (*pimento del rabo*, Cubèbe Clusii) de Guinée, dont on faisait grand usage en Flandre, afin de favoriser la vente du poivre du Malabar. Le commerce des îles se trouva à peu près délaissé et devint le privilège de quelques familles bourgeoises établies à Lisbonne, surtout de marchands étrangers parmi lesquels beaucoup de Flamands, et la source de grandes fortunes.

Plus habile et plus fécond fut le système adopté pour l'exploitation de ce commerce à l'étranger. Les relations d'Anvers avec le Portugal nous offrent à ce sujet un exemple frappant.

A son retour des Pays-Bas à Lisbonne en 1495, Martin Behaïm apprit la découverte de l'Amérique ; peu d'années après, en 1499, suivirent les succès de Vasco de Gama à la recherche de la route de l'Inde. On prétend que le roi Manoel, plein de confiance dans l'expérience commerciale de Behaïm, l'interrogea au sujet du parti à prendre pour tirer profit des

richesses qui allaient échoir au Portugal et soutenir la concurrence avec les Espagnols sur les marchés européens. Behaïm
avait visité tout récemment les ports de Bruges et d'Anvers
et n'hésita pas à conseiller au roi d'établir un grand entrepôt
commercial de denrées coloniales, dans ce dernier port dont
il avait apprécié l'avenir avec beaucoup de justesse. Son conseil
fut suivi : « La cause et occasion qui a rendue la cité d'Anvers, »
dit Louis Guicciardini, « si grande, riche et fameuse, se montra
» et commença l'an 1503 et 4, lorsque les Portugais, ayans,
» avec une merveilleuse et effroyable navigation, et grands
» frais, et appareil de guerre prise et occupé Calicut, et
» accordé avecq iceluy Roy, ils commencèrent aussi à conduire
» l'épicerie et droguerie des Indes en Portugal (qui est un
» voyage de seize mille milles et auquel ordinairement on
» employe l'espace de six mois), et puis les conduirent de
» Portugal en ceste ville ; lesquelles denrées on souloit au-
» paravant aller quérir par la mer Rouge, et de la conduire à
» Barut *(Beyrouth)* et en Alexandrie, et de ces lieux, les faire
» porter à Venise, pour en fournir l'Italie, la France, l'Alemaigne
» et autres provinces chrestiennes. Mais ce trafic, ayant esté
» pris et saisy par les Portugais, et iceux avoir envoyé un facteur
» au nom de leur Roy se tenir par deça *(en deça des Pyrénées)*,
» a petit à petit attiré les Alemans à ce train de marchandises
» *(à ce commerce)*, et premièrement y entendirent les Fockers
» *(Fugger de Nuremberg)*, les Welsers *(Welser de Augsbourg)*
» et Ostetters *(Hochstetter de Augsbourg)* et peu avant eux tres
» toutz *Nicolas Rechtergem (Anversois, aïeul maternel de*
» *l'illustre famille Schetz de Grobbendonck, souche des comtes,*
» *puis ducs d'Ursel)* fut le premier, qui prit party par deça
» avec le facteur du Roy de Portugal pour le fait de l'espicerie,
» et qui en envoya en Alemaigne. Auquel pays, comme il
» n'eut aucun qui sceut rien du nouveau voyage des Portugais
» aux Indes, en furent si estonnés qu'ils estoient en doute
» de la bonté desdites espices, et soupçonnoyent que fussent
» faulces et sophistiquées. Et ceux pour autant qu'ils avoyent

« accoustumés d'en fournir ceux de ce pàys, des drogues
« mesmes, qui leur venoyent par terre de Venise avant. »
Le nom de ce premier ambassadeur, consul ou *facteur*, envoyé
par le roi Manoel, de Portugal à Anvers, n'a pu être retrouvé,
mais on sait qu'en 1507, cet emploi était confié au chevalier
Alvarez Vaaz, auquel succéda en 1511, le chevalier Thomas Lopez.

Si le conseil de Martin Behaïm eut des conséquences heureuses pour Anvers, le protectionisme adopté par le Portugal,
dans l'organisation de ce monopole commercial réservé à la
couronne, eut des conséquences déplorables pour ce pays. Il
provoqua les convoitises de l'Espagne, dont les finances étaient
épuisées par la guerre des Pays-Bas, sur le Portugal. Le duc
d'Albe, farouche proconsul de Philippe II, après avoir vainement
tenté de dompter la liberté chez les Néerlandais, fut chargé de
conquérir le riche héritage du petit-fils de Charles-Quint
règnant en Portugal.

De nos jours des principes humanitaires plus généreux se
sont introduits dans l'occupation des contrées sauvages. On a
compris que la prétention de *supériorité de la civilisation
sur la barbarie*, ne peut être invoquée qu'à la condition de
s'exercer comme une véritable *tutelle*, s'efforçant d'élever un
peuple mineur à un état supérieur, intellectuel, physique et
moral.

Les méthodes appliquées jusqu'à ce jour se ressentent malheureusement encore souvent des traditions de la colonisation
ancienne. On croit faire œuvre de sagesse et d'humanité, en
imposant aux sauvages les règles de gouvernement acceptées
par les civilisés, après une longue suite de temps et de transformations nombreuses, depuis l'époque où ils sont sortis
eux-mêmes de la barbarie. Cette civilisation mal appropriée
aux coutumes, aux traditions des sauvages, produit souvent
des résultats plus funestes que la barbarie elle-même.

Il a été fréquemment constaté que les méthodes européennes d'enseignement introduites dans les colonies, loin de produire d'heureux effets, ont contribué à créer des ennemis à la civilisation. Des enfants sauvages par exemple, élevés dans des écoles civilisées, y développant leur intelligence de manière à donner les plus belles espérances, à peine livrés à eux-mêmes retournaient à la barbarie et oubliaient ce qu'ils avaient appris. « En 1868 », dit entre autres M. Paul Dumas, dans un remarquable travail sur *Les Français d'Afrique*, « pendant » la famine, Mgr. Lavigerie, archevêque d'Alger, inaugurant » son système de propagande, recueillit un grand nombre » d'enfants indigènes abandonnés, filles et garçons. Cette fonda- » tion charitable a donné lieu à la plus instructive, mais aussi » à la plus navrante des expériences. Il n'y a pas longtemps, » me rendant d'Alger à Constantine, j'eus occasion de causer » dans le train avec un ecclésiastique fort distingué, qui parut » ne plus nourrir aucun espoir au sujet de l'amélioration de » cette malheureuse race arabe. Il me raconta l'histoire » lamentable des orphelins de M. Lavigerie. — 4000 enfants » environ, me dit-il, lui ont passé par les mains ; une centaine » seulement sont restés chrétiens ; presque tous sont revenus » à l'islamisme. Les orphelins ont d'ailleurs, en Algérie, la plus » détestable réputation ; les divers colons bien intentionnés qui » se sont avisés d'en employer quelques-uns, ont dû se débar- » rasser d'eux au plus vite ; voleurs, fainéants, ivrognes, ils » synthétisent tous les vices, ceux de leur race qu'ils ont » indélébilement dans le sang, et les nôtres par dessus le » marché. On a eu l'idée de les marier les uns aux autres ; » on a ensuite installé ces ménages dans des villages spéciaux, » on les a pourvus de terres, on les a outillés, on les a mis » dans le meilleur état pour bien faire ; les résultats ont été » lamentables. En 1880 dans un de ces villages, ils ont » assassiné leur curé ! » — A Gondokoro sur le Haut-Nil, la mission catholique fondée par le curé tyrolien Knoblecker, avec la protection de l'archiduchesse Sophie, aboutit à des abus tout aussi détestables ; après avoir déployé des trésors d'héroïsme, après avoir perdu plus de trente religieux par l'effet du climat, elle a dû se résigner à battre en retraite.

De ces exemples fâcheux, des esprits pessimistes ont conclu que vouloir développer l'instruction chez les sauvages est une utopie, affirmant, ainsi qu'on le faisait autrefois, qu'ils appartiennent à une *race inférieure*, condamnée à disparaître devant les *races supérieures* civilisées. Une telle conclusion est évidemment inadmissible. « Au lendemain de la conquête » des Gaules, » dit M. Frank Riaux, « si quelque savant de » l'époque était venu soutenir les Gaulois dans la barbarie, » et si ce singulier philanthrophe eut été écouté par les » Romains, je me demande ce que nous serions aujourd'hui. » Nous ne sommes devenus ce que nous sommes que parce » qu'un peuple de civilisstion supérieure a communiqué à » nos ancêtres ses lumières, ses arts, ses lois. »

La civilisation ne procède pas par bonds, mais par progrès lents et successifs. Elle transforme une race par une action de sélection continue, aussi bien au physique qu'au moral. Il a fallu de nombreuses générations pour nous amener à notre organisation sociale actuelle. Vouloir l'appliquer spontanément à des sauvages, est une absurdité. La raison comme la philosophie nous indique que les insuccès étaient inévitables. Tout ce que nous pouvons espérer c'est, par des méthodes bien appropriées aux populations demeurées dans un *état inférieur*, de les amener après *plusieurs générations*, plus rapidement que nous, à l'état social où nous sommes arrivés, pour progresser ensuite avec nous, vers un état final qui appartient à la Providence, et dont la forme définitive échappe à notre jugement.

La *conquête des hommes*, ou *la civilisation*, ne peut être qu'une œuvre de notre *science sociale* perfectionnée, comme la conquête *de la terre ou sa découverte*, a été l'œuvre du progrès des *sciences mathématique et cosmographique*. Elle doit être tentée avec prudence, en se dégageant de toute idée préconçue, en s'efforçant de détruire les préjugés des peuples

néophytes. Vouloir implanter tout à coup, ainsi qu'on l'a fait constamment jusqu'ici, notre foi, la monogamie, nos institutions gouvernementales, nos méthodes d'instruction, chez des peuples qui n'ont de la divinité que la plus absurde conception sous forme de fétichisme, qui n'estiment la chasteté que signe de faiblesse et de folie et n'ont aucun sentiment de la famille, dont le gouvernement demeure réservé au plus fort, et pour qui l'écriture est un moyen mystérieux que les blancs cherchent à enseigner à leurs congénères pour les trahir, c'est faire œuvre d'imprudence, de légèreté, de folie. C'est par degrés que l'expérience impose de procéder. *L'état civilisé* chez tous les peuples, procède directement de la condition de *pasteur*, de *laboureur*, d'*ouvrier*, qui a fixé la population au sol, a fait naître l'idée patriotique, la famille. C'est par l'*éducation*, l'enseignement des métiers manuels qu'il faut débuter, et l'*instruction* proprement dite ne peut être qu'un objectif lointain, à aborder lorsque la race se sera perfectionnée au point d'en saisir les avantages. « Le meilleur missionnaire en Afrique » nous disait le pasteur Coillard, qui depuis plus de vingt-cinq ans pratique l'apostolat chez les Zoulous et sur les rives du Zambèze, « c'est ma femme. Les soins qu'elle prend de son
» ménage excitent la curiosité des négresses ; elles apprennent
» le bien-être qui en résulte pour nous ; elles cherchent à
» l'imiter et comprennent l'idée de famille. Ce n'est qu'après
» ce résultat obtenu que je puis songer à enseigner avec succès
» des idées de morale. » Le résultat final même ne peut être préconçu ; le culte, les mœurs, les institutions de chaque peuple découlent de son tempérament et des nécessités de son climat.

L'honneur de notre temps sera peut-être d'avoir inauguré cette méthode de civilisation vraiment scientifique et libérale, dont l'essai se fait avec succès dans l'*État libre du Congo.* Elle demande à être poursuivie avec sagesse, avec prudence et persévérance, sans se rebuter devant les insuccès relatifs. Le prince Henri, cherchant à ouvrir la route des Indes, ne s'arrêta pas devant l'échec des voyages de Gill Eanez ; chaque année il recommençait pour gagner quelques degrés plus au sud ; les progrès furent lents et bornés d'abord, puis ils s'accentuèrent et bientôt firent des pas de géants. Il en sera de même dans toute œuvre civilisatrice procédant par des voies rationnelles. La conception de cette nouvelle méthode coloniale assurera probablement au roi Léopold II une gloire égale à celle que la postérité a décernée à l'illustre Infant.

La création de l'école de Sagres, féconde en enseignements scientifiques et moraux, demeure comme l'un des faits les plus remarquables de la géographie. « L'année 1463 » dit Vivien de Saint-Martin, « fut la dernière du prince Henri. » Il mourut à sa résidence de Sagres à l'âge de 67 ans ; » et il en avait consacré 48 à provoquer, à encourager, à » diriger les explorations maritimes. Aussi mérita-t-il, sans » avoir navigué, le surnom d'*Henri le Navigateur*, que ses » contemporains lui décernèrent et que l'histoire lui a conservé. » Ce n'est pas seulement le Portugal qui aurait dû une statue » d'or à ce prince, véritable fondateur de la grandeur politique » et commerciale de sa patrie : la science aussi lui doit une » place éminente parmi les plus grands promoteurs de l'étude » du globe et des découvertes géographiques. »

Table des matières.

TABLE DES PLANCHES.

9 782019 722777